Test psicológico de Carl Jung

Lily Yuan

Test psicológico de Carl Jung

EXPLORA TU PSICOLOGÍA INTERIOR

EDICIONES OBELISCO

Si este libro le ha interesado y desea que le mantengamos informado de nuestras publicaciones, escríbanos indicándonos qué temas son de su interés (Astrología, Autoayuda, Psicología, Artes Marciales, Naturismo, Espiritualidad, Tradición…) y gustosamente le complaceremos.

Puede consultar nuestro catálogo en www.edicionesobelisco.com

Colección Cartomancia y Tarot
Test psicológico de Carl Jung
Lily Yuan

1.ª edición: septiembre de 2024

Título original: *The Carl Jung Psychology Test*

Traducción: *Daniel Aldea*
Corrección: *Elena Morilla*
Maquetación: *Carol Briceño*

Edita: Ediciones Obelisco, S. L.
Collita, 23-25. Pol. Ind. Molí de la Bastida
08191 Rubí - Barcelona - España
Tel. 93 309 85 25
E-mail: info@edicionesobelisco.com

ISBN: 978-84-1172-136-3
DL B 3488-2024

Printed in China

Índice

Introducción a la psicología de la personalidad

¿Por qué algunas personas encajan a la perfección, como si fueran dos piezas de Lego? ¿Por qué las conversaciones con determinadas personas resultan forzadas, casi como si estuvieran arrancando una muela? ¿Por qué algunas personas trabajan mejor en equipo? ¿Por qué nos llevamos mejor como amigos con determinadas personalidades y, en cambio, con otras tenemos más posibilidades de iniciar una relación romántica? ¿Por qué admiramos a unas y no a otras?

Resumiendo, ¿qué nos convierte en la persona que somos?

Aquí es donde entra en escena la psicología de la personalidad. Estudiar la personalidad significa estudiar los numerosos factores que determinan nuestra forma de pensar y sentir, unos factores que están condicionados tanto por nuestra biología única como por la educación que hemos recibido. ¿Cómo se han comportado nuestros padres a lo largo de nuestra vida? ¿En qué entorno hemos crecido? Éstas son las preguntas que se hacen los psicólogos de la personalidad.

Nota: este libro utiliza un lenguaje neutral en cuanto al género para describir los 16 tipos de personalidad y también en el resto del texto.

Para referirnos a Carl Jung utilizamos el pronombre «él» tanto en su biografía como en el resto del texto. Las citas personales de Jung están en cursiva.

¿Cómo es posible que algunas personas se hagan amigas al instante y otras nunca se lleven bien? La psicología de la personalidad tiene la respuesta.

Algunas personas sabían lo que querían ser de mayores desde niños. Otras, sin embargo, cambian varias veces de profesión hasta que finalmente encuentran su vocación o deciden abandonar definitivamente su trabajo para recorrer el mundo en furgoneta. ¿Por qué las vidas de la gente son tan distintas las unas de las otras? Porque nuestras personalidades influyen de muchas maneras distintas en las decisiones que tomamos.

> ***"El encuentro entre dos personalidades es comparable al momento en que dos sustancias químicas entran en contacto: si se produce una reacción, ambas se transforman."***

Nos parecemos más de lo que nos diferenciamos, ya que aproximadamente el 99,9 % de nuestro material genético es idéntico. ¿Sabías que también compartimos alrededor del 98,7 % de nuestra genética con los chimpancés y el 44,1 % con los plátanos (sí, la fruta)? Y, a pesar de eso, nuestros comportamientos son muy distintos. ¿A qué responde ese 0,1 % restante? Exacto, lo has adivinado: ¡A nuestra *personalidad*!

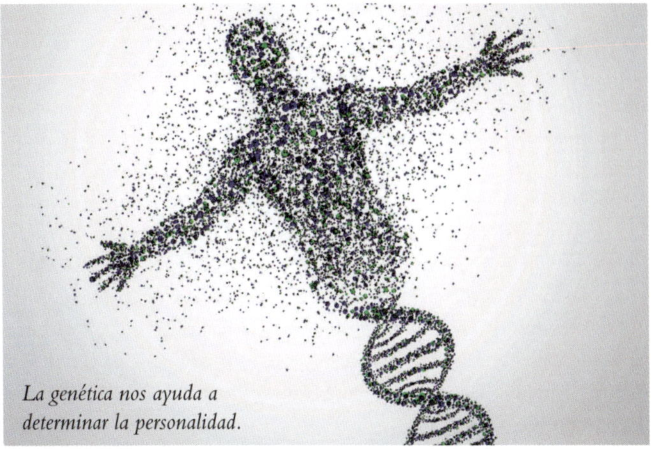

La genética nos ayuda a determinar la personalidad.

La personalidad tiene un gran impacto tanto en nuestro comportamiento como en las decisiones que tomamos.

En resumidas cuentas, usamos el término personalidad para referirnos a todos aquellos rasgos, comportamientos y preferencias de un individuo que se mantienen *relativamente constantes* a lo largo del tiempo. La personalidad está estrechamente vinculada a otras ramas de la psicología, como, por ejemplo, la psicología social, la biológica o la evolutiva. Es posible que hayas oído hablar de los términos *introvertido* y *extravertido*.

¿Qué ocurre cuando nos enfrentamos a niveles excesivos de estrés? Pues que podemos llegar a comportarnos de un modo muy diferente a cómo lo hacemos normalmente. Por ejemplo, una persona muy abierta puede mostrarse más reservada de lo normal tras completar una tarea muy exigente, pero al cabo de un rato recupera su habitual carácter dicharachero. Alguien que suele ser muy organizado puede parecer disperso y torpe en idénticas circunstancias. Otra persona que suele tomar decisiones después de valorar los pros y contras puede dejarse llevar por una corazonada cuando la situación así lo requiere. Por lo tanto, si un amigo se comporta de forma distinta a la habitual, sería recomendable que le preguntaras si se encuentra bien.

Una de las formas más rápidas de descubrir qué tipo de personalidad tenemos es mediante una evaluación o test. Nota importante: encontrarás uno incluido en la maravillosa baraja de cartas que acompaña a esta guía. Al final del capítulo encontrarás una breve explicación para realizar correctamente el test de personalidad junguiano. Es fácil cogerle el tranquillo en cuanto lo hagas unas cuantas veces.

El estrés puede hacer que nos comportemos de una forma poco habitual.

Breve historia de la psicología de la personalidad

En 1884, sir Francis Galton propuso la hipótesis léxica fundamental, una teoría lingüística que postula que los rasgos de la personalidad más importantes y relevantes para un grupo determinado al final terminan codificándose a través del lenguaje. Las características más importantes para dicho grupo suelen quedar encapsuladas hábilmente en una sola palabra, como ocurre, por ejemplo, con el concepto «extravertido».

En 1913, Carl Jung se unió al debate y empezó a escribir su primer artículo sobre la tipología de la personalidad, el cual se publicó en alemán en 1921 y en inglés en 1923 con el título «Tipos psicológicos». En 1919, introdujo el término *arquetipo* en su artículo titulado «El instinto y el inconsciente». Más adelante profundizaremos en sus investigaciones sobre la personalidad y los arquetipos.

El concepto de personalidad se popularizó en la década de 1930 con la aparición, en 1932, de la publicación trimestral *Character and Personality*. En 1936, los psicólogos Gordon Allport y Henry Odbert encontraron en el diccionario unas 18 000 palabras que podían utilizarse para describir la personalidad de una persona. A partir de esta lista, redujeron a 4 500 los rasgos de la personalidad observables, lo que, aun así, sigue siendo una cifra considerable.

Francis Galton, uno de los pioneros de la psicología de la personalidad, confeccionó una lista de sus principales rasgos.

Esto nos lleva a una de las teorías de los rasgos de la personalidad más populares actualmente: el modelo de los Cinco Grandes, el cual ha evolucionado a lo largo del tiempo. En 1946, Raymond Cattell utilizó el modelo para generar 181 grupos de rasgos de la personalidad, los cuales posteriormente dieron lugar al modelo de los 16 factores. En la década de 1960, Raymond Christal y Ernest Tupes, investigadores de la Fuerza Aérea norteamericana, descubrieron cinco factores recurrentes. Por último, P. T. Costa y R. R. McCrae continuaron puliendo el modelo de los Cinco Grandes durante las décadas de los 80 y 90.

La prueba DISC es otro tipo de evaluación de la personalidad muy popular que fue desarrollada por el psicólogo William Moulton Marston en la década de 1920. Esta prueba está basada en cuatro estilos principales de comunicación: dominancia, influencia, estabilidad y conformidad. La prueba DISC puede ayudar a crear equipos más fuertes y mejorar las relaciones personales y profesionales. Aunque se utiliza, sobre todo, en el ámbito empresarial, también puede ser de utilidad en el desarrollo personal, la educación y la terapia.

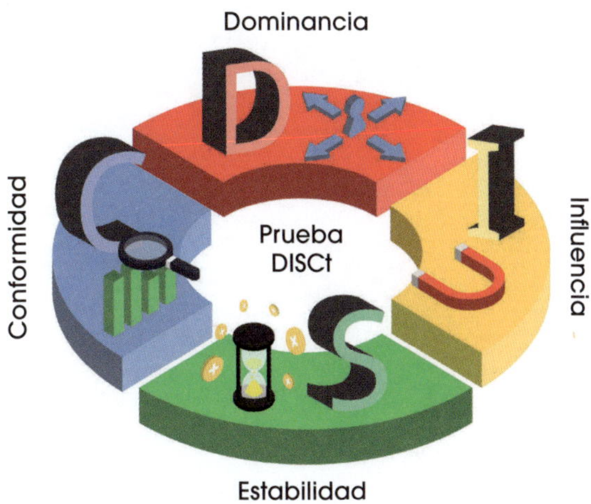

La prueba DISC es un modelo muy popular para la evaluación de la personalidad.

1

¿Cómo funcionan los test de personalidad?

Pero ¿cómo funcionan los test de personalidad? Normalmente, los test se puntúan mediante una *escala de Likert* (es decir, una serie de respuestas de intensidad creciente o decreciente) de cinco opciones. También pueden ser de cuatro opciones si se omite la opción «neutra». Se parecen mucho a los cuestionarios con respuestas de opción múltiple típicos de algunos exámenes, aunque en este caso no hay respuestas correctas ni incorrectas. A continuación, tienes un ejemplo de una escala de Likert:

Totalmente de acuerdo	De acuerdo	Ni lo uno ni lo otro	En desacuerdo	Totalmente desacuerdo
+2	+1	0	-1	-2

Una escala de Likert

Como algunas preguntas se corresponden con determinados resultados psicométricos, las secciones con una mayor puntuación determinan los factores más fuertes de la personalidad del individuo en cuestión. Es posible que hayas rellenado este tipo de evaluaciones en encuestas escolares o de hábitos alimenticios. Si alguna vez has ido al psicólogo, lo más probable es que estés familiarizado con los cuestionarios que contienen una escala de Likert.

El psicólogo Rensis Likert ideó la escala de Likert en 1932.

Las teorías de los rasgos de personalidad, como el modelo de los Cinco Grandes (también conocido como el modelo de los Cinco Factores, OCEAN o NEO-PI), están basados en los siguientes factores: *Apertura a la experiencia* (O), *Responsabilidad* (C), *Extraversión* (E), *Amabilidad* (A) y *Neuroticismo* (N). Las teorías de rasgos utilizan tres criterios para la evaluación de las pruebas: (1) coherencia, (2) estabilidad y (3) diferencias individuales.

A continuación, encontrarás una descripción general de los cinco grandes factores:

Apertura a la experiencia (O): Buena disposición ante las nuevas experiencias (por ejemplo: «¡Lo quiero probar todo, aunque sólo sea una vez!») y receptivo a diferentes perspectivas. Las personas con una alta apertura a la experiencia suelen ser creativas y arriesgadas. Además, son propensas a tener numerosas aficiones e intereses. En definitiva, alguien que no para quieto.

Responsabilidad (C): Orden, compromiso e iniciativa para realizar las tareas antes de tiempo o a tiempo. Las personas con una alta responsabilidad respetan las normas, los planes y los horarios. Sus vidas siguen un orden muy preciso. Suelen comportarse como los «padres» del grupo. ¿No queda desinfectante de manos en el restaurante? Que no cunda el pánico, ellos siempre llevan uno encima.

Extraversión (E):Vitalidad, energía y una tendencia natural a socializar y conversar con personas de todo tipo. A los individuos con una alta extraversión les encanta hacer nuevos contactos y se activan cuando están rodeados de gente. Para ellos, los eventos y las fiestas sólo tienen un requisito: ¡cuantos más seamos, más reiremos!

Amabilidad (A): Cualidad de lo agradable, de la capacidad de cooperación. Las personas con un alto grado de amabilidad son atentas, indulgentes, de confianza y altruistas. Son el elemento leal que siempre pone paz en un grupo de amigos; los que le caen bien a todo el mundo, los amigos perfectos. Llevado al extremo, pueden llegar a convertirse en alguien que se deja pisotear.

Neuroticismo (N): Tendencia a preocuparse demasiado, a darle vueltas a los acontecimientos antes, durante y/o después de que éstos se hayan producido. Está estrechamente relacionado con la ansiedad y la depresión. Las personas con un alto grado de neuroticismo siempre están excesivamente alerta y nerviosas, aunque también es verdad que disponen de una inteligencia callejera y una conciencia espacial más desarrollada. En definitiva, el mejor compañero de supervivencia que existe.

Los cinco grandes rasgos de la personalidad.

En este libro, sin embargo, nos centraremos específicamente en la aportación de Jung, es decir, la *teoría del tipo de personalidad más adecuada*, especialmente los 16 tipos de personalidad y las ocho *funciones cognitivas* que propuso.

La *función junguiana* es un proceso mental preconfigurado mediante el cual la gente piensa, siente, percibe o intuye sus acciones. Cada tipo de personalidad posee una serie de cuatro funciones cognitivas; las más fuertes se sitúan en la parte superior y las más débiles, en la inferior.

Los rasgos de la personalidad pueden ser increíblemente variados. En aras de la coherencia, las teorías sobre los tipos de personalidad se ordenan en bloques.

En el capítulo 4 analizaremos más detenidamente las funciones junguianas para explicar los componentes básicos de su teoría de la personalidad. Allí examinaremos con mayor detenimiento los factores de la extraversión, la introversión, la sensación, la intuición, el pensamiento, el sentimiento, el juicio y la percepción. Si todo esto te parece un galimatías, tranquilo, ya le irás pillando el tranquillo. ¡Te lo prometo!

Hipócrates, el médico de la antigua Grecia, desarrolló la teoría de los cuatro humores.

Las teorías de los tipos de personalidad hacen hincapié en las diferentes categorías tipológicas en las que pueden clasificarse las personas. Los tipos de personalidad son como regalos prediseñados que incluyen una serie de rasgos y comportamientos. Por ejemplo, una persona introvertida puede tener los siguientes rasgos: sosiego, atención al detalle, sensibilidad al sonido y un oído excelente.

La categorización de las personas según su tipo de personalidad no es un concepto nuevo. En el 460-375 a.C., el médico griego Hipócrates y sus seguidores clasificaban a la gente según los cuatro humores, estaciones y elementos. Unos cuantos años después, otro médico griego, Galeno de Pérgamo (129-216 d. C.), desarrolló estas teorías y equiparó cada uno de los cuatro humores con un tipo de personalidad. Aparecen en cursiva a continuación:

1. Sangre/verano/aire (*sanguíneo*)

2. Flema/primavera/agua (*flemático*)

3. Bilis amarilla/otoño/fuego (*colérico*)

4. Bilis negra/invierno/tierra (*melancólico*)

Sanguíneo equivale aproximadamente a alegre y sociable; flemático, a tranquilo y pacífico; colérico, a agresivo y competitivo, y melancólico, a distante y pesimista. Hipócrates creía que las personas contenían una «mezcla» de los cuatro humores y que, cuando éstos estaban desequilibrados, se producían las enfermedades y discapacidades. En aquel tiempo, la gente creía que el color del vómito indicaba cuál de los cuatro humores estaba descompensado. Hoy en día sabemos que tanto los alimentos que ingerimos como toda nuestra dieta pueden afectar al color de nuestros fluidos corporales, pero también lo pueden hacer ciertas enfermedades.

Al menos hasta la Edad Media se creía que el equilibrio entre los «cuatro humores» determinaba la personalidad de las personas y condicionaba su salud.

Por ejemplo, los científicos han descubierto que la bilis negra sólo afecta a las personas que padecen una enfermedad hepática crónica.

Siguiendo con el tema de la fisiología humana, William Herbert Sheldon (1898-1977) propuso una teoría de tres complexiones físicas asociadas a un tipo determinado de personalidad:

1. Los ectomorfos (delgados/reservados) son personas introvertidas y muy sensibles.

2. Los mesomorfos (musculosos/seguros) son fuertes, competitivos y agresivos.

3. Los endomorfos (blandos/de trato fácil) son extravertidos y relajados.

Puede que estés pensando: «¡Pues yo conozco a fulanito y es superescandaloso, competitivo y delgado como un palillo! Y ese otro tío es ridículamente musculoso porque va al gimnasio todos los días y, sin

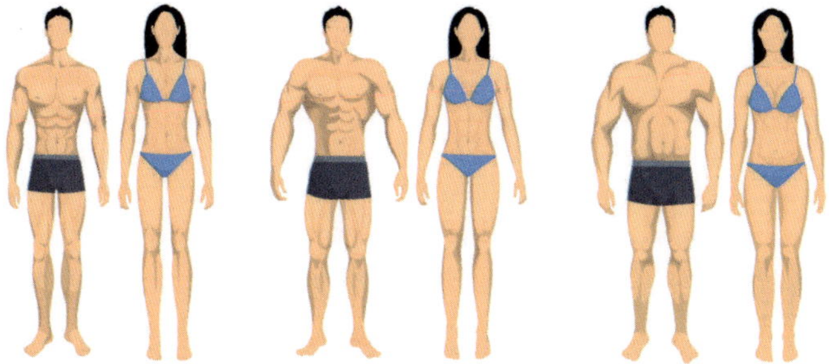

La teoría según la cual la constitución física —categorizada en los tipos ectomorfos, mesomorfos y endomorfos— determinaba la personalidad llegó a tener muchos seguidores, pero hoy en día ha quedado definitivamente desacreditada.

embargo, es de lo más relajado». Tranquilo: la teoría de la complexión física (también conocida como *somatotipo*) hace tiempo que se considera pseudocientífica.

Volviendo al tema principal de este libro, Carl Jung propuso ocho tipos cognitivos: (1) Reflexivos extravertidos (ESTJ y ENTJ), (2) Sensibles extravertidos (ESFJ y ENFJ), (3) Sensitivos extravertidos (ESTP y ESFP), (4) Intuitivos extravertidos (ENFP y ENTP), (5) Reflexivos introvertidos (ISTP & INTP), (6) Sensibles introvertidos (ISFP & INFP), (7) Sensitivos introvertidos (ISTJ & ISFJ) e (8) Intuitivos introvertidos (INFJ e INTJ).

> ***Nos encontramos una y otra vez con mil disfraces distintos en el camino de la vida.***

A medida que avances en la lectura de esta guía, te irás familiarizando con los 16 tipos de personalidad que Jung propuso. Todos ellos tienen sus puntos fuertes y débiles, sus carreras profesionales ideales y el mejor contexto para que su inteligencia se desarrolle. Si tienes alguna duda sobre algún término específico, puedes consultar el glosario que encontrarás al final del libro.

Sólo hemos visto algunas de las numerosas teorías que existen sobre las tipologías de la personalidad. ¡Sólo hemos vislumbrado la punta del iceberg! Aún te queda todo un mundo fascinante de conceptos psicológicos por descubrir y aprender. Bienvenido a bordo del tren del autodescubrimiento de la personalidad. Sube y prepárate para descubrir los numerosos colores de los que estás hecho. ¿Qué mejor momento que éste para empezar a aprender sobre ti mismo?

Para tu información: este libro viene acompañado de una baraja de 52 cartas, donde se incluye el test de personalidad de Jung. El test está compuesto por un total de 28 preguntas.

Para puntuar el test, prepara en una hoja de papel una serie de números en orden ascendente que vaya del 1 al 28. Responde a las preguntas planteadas en cada una de las cartas en el orden correcto y escribe A o B al lado de cada número.

Sólo hay 28 preguntas en total, por lo que deberías tardar entre 5 y 10 minutos para completar el test. Tómate el tiempo que necesites para leer y comprender bien cada una de las preguntas. Para que el resultado final sea lo más preciso posible, intenta responder con sinceridad y no pensar demasiado las respuestas. Recuerda que cada tipo de personalidad tiene sus puntos fuertes y débiles.

En las cartas también encontrarás consejos útiles para cada uno de los 16 tipos de personalidad, sus posibles carreras profesionales y las preguntas más frecuentes.

Si lo deseas, puedes compartir los resultados con un amigo o un compañero de trabajo. También puedes profundizar en tu tipo de personalidad en la segunda mitad del libro, donde encontrarás numerosas referencias al sistema de personalidad que propuso Jung.

Como él mismo dijo: «El mundo te preguntará quién eres, y si no lo sabes, el mundo te lo dirá».

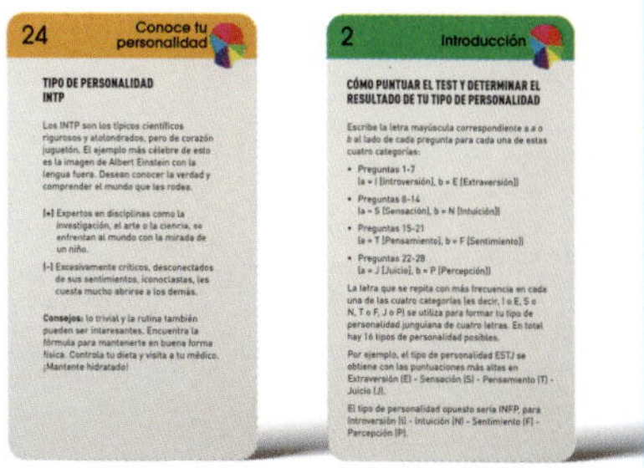

2

¿Quién fue Carl Jung?

Carl Gustav Jung (1875-1961), creador de los 16 tipos de personalidad y legendario psicólogo suizo, nació en Kesswil, Suiza. En 1921 escribió el libro *Tipos psicológicos,* una obra que no ha hecho más que aumentar su popularidad en el mundo laboral y que se ha utilizado en numerosos programas de asistencia sociopsicológica.

Jung (que se pronuncia «yung») quería entender cómo interactúan entre sí los distintos tipos de personalidad y, en última instancia, cómo influyen en la sociedad. Para Jung, ningún tipo es mejor o peor que otro; todas las personalidades tienen sus puntos fuertes y débiles. Si la gente no fuera diferente, la sociedad estaría condenada a la autodestrucción y al colapso.

> ***“Tus visiones sólo se aclararán cuando dirijas la mirada hacia tu corazón. El que mira hacia fuera, sueña; el que mira hacia dentro, despierta.”***

Carl Jung, un pionero de la psicología de la personalidad.

La pequeña ciudad suiza de Kesswil, donde creció Carl Jung.

Considerado uno de los padres fundadores de la psicología de la personalidad, Jung fue un psicoanalista y psiquiatra excéntrico que trabajaba mejor solo. De hecho, pasó la mayor parte de su infancia aislado (concretamente, hasta los nueve años) mientras trasteaba con sus proyectos personales.

Jung tenía unos sueños psicológicamente complejos y vívidos; algunos de ellos hoy en día los consideraríamos auténticas pesadillas, por lo que no es de extrañar que de niño le asustaran. Las imágenes que poblaban sus sueños infantiles posteriormente se convirtieron en el germen de sus célebres arquetipos. (Profundizaremos en esto más adelante).

Cuando Jung tenía tres años, su madre Emilie, a quien Jung adoraba, se vio afectada por una enfermedad mental no identificada, pero lo suficientemente grave como para tener que ser internada temporalmente en una institución psiquiátrica. Durante este periodo, Jung tuvo la oportunidad de acercarse emocionalmente a su padre Paul, un pastor protestante de la Iglesia Reformada Suiza, a quien llegó a considerar su modelo a seguir.

Más tarde, a los doce años, un compañero de clase lo tiró al suelo con tanta fuerza que Jung perdió el conocimiento. ¡Ay! Tras este traumático incidente, a menudo sufría desmayos aparentemente inexplicables mientras volvía a casa desde la escuela o hacía los deberes. Años más tarde descubrió que había sufrido *neurosis*.

Desde muy temprana edad Jung quiso seguir los pasos de su padre y convertirse en pastor o sacerdote. ¿De tal palo, tal astilla? No exactamente. A medida que se hacía mayor, su particular enfoque espiritual, centrado casi exclusivamente en la búsqueda de Dios, sin las ataduras propias de las nociones de estado, religión o iglesia, le dio el coraje necesario para abordar lo que para él significaba la «verdad». Debía descubrirla por sí mismo.

A medida que ampliaba sus conocimientos, descubrió diversas disciplinas que le fascinaron: la arqueología, la paleontología, la literatura y la filosofía. Su amplia gama de intereses complicó considerablemente su especialización educativa. No debe de ser fácil sentirse atraído por distintas especialidades en un mundo que te empuja a centrarte en una única carrera profesional.

Tras un largo periodo de reflexión (*de fondo suena la típica música de jazz de ascensor*), finalmente decidió estudiar ciencias médicas en la Universidad de Basilea, mientras por su cuenta seguía investigando temas místicos. Tras terminar con éxito sus estudios, empezó a trabajar como interno en la Clínica Burghölzli, en Suiza.

En 1905, trabajó en la Universidad de Zúrich, donde formó parte del personal de la facultad hasta 1913. Allí continuó desarrollando las complejas e in-

Jung estudió Ciencia y Medicina en la Universidad de Basilea.

Carl Jung en la Clínica Burghölzli, 1910.

trincadas teorías sobre la personalidad que había propuesto en su tesis doctoral, «Sobre la psicología y la patología de los llamados fenómenos ocultos», escrita en 1902.

En 1906, Jung envió una copia de su libro *Estudios acerca de la asociación de palabras* a Sigmund Freud, el padre del psicoanálisis. Ese mismo año, Jung también le envió a Freud su libro *Sobre la psicología de la dementia praecox*, un análisis de la esquizofrenia. Aunque se trataba de una lectura demasiado densa para el público general, para Freud resultó ser una delicia intelectual, por lo que invitó a Jung a que lo visitara en Viena. El encuentro tuvo lugar en 1907.

Al final, Jung decidió mantenerse psicológicamente independiente de Freud, pues las teorías de éste (especialmente el papel de la sexualidad en el desarrollo del individuo) eran demasiado incompatibles con las suyas. A pesar de eso, Jung proclamó con orgullo: «Freud fue el primer hombre de auténtica relevancia que conocí... nadie podía compararse a él».

En 1912, Jung publicó *Sobre la psicología de lo inconsciente,* alejándose definitivamente de las explicaciones deductivas y excesivamente normativas de Freud y adoptando un enfoque más místico e intuitivo. Jung creía que la psicología era una disciplina altamente compleja e imprecisa donde casi nunca uno más uno es igual a dos. Lo siento por Freud, pero a veces es inevitable alejarnos de ciertos amigos.

Los dos hombres eran extraordinariamente testarudos y, al parecer, sus «diferencias irreconciliables» provocaron ciertas tensiones en su relación que terminaron alcanzando un punto sin retorno. Jung procedió entonces a establecer sus conceptos de *arquetipos, complejos, sincronicidades* y el *inconsciente colectivo*. Estos conceptos tan visuales aparecen con frecuencia en sus análisis de los sueños. Efectivamente, como psicoterapeuta, recurrió a símbolos psíquicos para descifrar los sueños de sus pacientes.

Jung dio a conocer al mundo su teoría de las funciones cognitivas y las tipologías con la publicación de su obra más famosa, *Tipos psicológicos*, escrita originalmente en alemán en 1921. Las evaluaciones de la personalidad más recientes, como el test de 16 factores de Cattell (también conocido como *test 16 PF*) y el Inventario Multifásico de Personalidad de Minnesota (MMPI), toman prestadas numerosas ideas de las teorías psicoanalíticas de Jung en sus modelos de evaluación de rasgos. Jung hizo hincapié en la alquimia de la personalidad, es decir, su capacidad para transformarse, revitalizarse o deteriorarse.

Carl Jung mantuvo una tensa relación con el otro gran psicoanalista de su tiempo, Sigmund Freud.

El objetivo primordial de Jung era abarcar la totalidad de la psique humana y que cada individuo llegara a «comprenderse a sí mismo» de verdad. Indagar en aquello que nos hace ser quienes realmente somos. Según Jung, éste es el auténtico camino que lleva al crecimiento y la autorrealización. Sin embargo, a muchas personas les aterroriza adentrarse en las zonas más oscuras de su verdadero ser y prefieren ignorar sus defectos antes que enfrentarse a ellos. ¿Cómo puede alguien alcanzar de este modo todo su potencial?

> “*Hasta que el inconsciente no se haga consciente, el subconsciente dirigirá tu vida, y tú le llamarás destino.*”

Carl Jung puso de relieve que las personalidades pueden cambiar y transformarse en un proceso que equiparó a la alquimia.

Jung se inspiró en filosofías y religiones orientales, como el taoísmo, las cuales le ayudaron a desarrollar un enfoque único.

La obra de Jung ha sido aclamada por destacadas personalidades tanto del mundo de la ciencia como el de las humanidades, como el psicólogo Erich Fromm, el psiquiatra Viktor Frankl o el físico teórico Wolfgang Pauli. Con el tiempo, Jung logró hacerse un nombre en su especialidad y ser aceptado por la Sociedad Médica General de Psicoterapia, de la que llegó a ser presidente en 1933. Sus influencias tanto de la filosofía oriental (budismo, taoísmo, yoga) como de las religiones occidentales (cristianismo, deísmo, solipsismo) aportan una perspectiva única que sigue siendo estudiada en la actualidad por eruditos, estudiantes y críticos.

3

Las cuatro escalas de los 16 tipos de personalidad

Las funciones de Jung se traducen en cuatro escalas que conforman un total de 16 tipos de personalidad (que analizaremos en el próximo capítulo). Si ya conoces tu tipología de cuatro letras que mejor se adapta a tu personalidad, puedes pasar al capítulo 5, donde encontrarás un subapartado en el que se describe tu tipo de personalidad. De lo contrario, este capítulo es un buen lugar para empezar a conocer los fundamentos del sistema tipológico de la personalidad propuesto por Jung.

P. D.: aunque durante la redacción de *Tipos psicológicos*, la última escala, Juicio (J) - Percepción (P), aún no estaba completamente desarrollada, contenía suficientes detalles como para permitir la creación de algunos test de personalidad neojungianos como el indicador Myers-Briggs. La última escala trata específicamente de la interacción con el mundo exterior. Encontrarás más información sobre el tema en el capítulo 7.

Jung dividió su tipología de la personalidad en diversas actitudes, organizadas en cuatro pares opuestos. Es decir, rasgos de personalidad opuestos que utilizamos para dar sentido a nuestra realidad. Los cuatro pares son introversión-extraversión; sensación-intuición; pensamiento-sentimiento y juicio-percepción.

Un ejemplo de tipo de personalidad es ESFJ, el cual sirve para definir a una persona que prefiere la Extraversión (E), la Sensación (S), el Sentimiento (F) y el Juicio (J) desde la perspectiva de las actitudes en pares opuestos propuestas por Jung. El tipo opuesto sería INTP, es

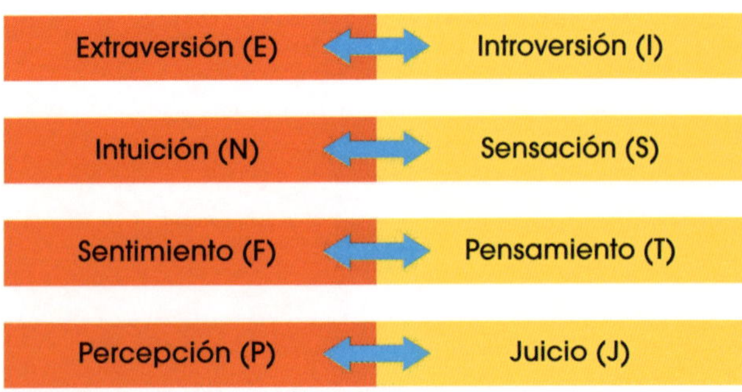

decir, alguien que se inclina por la Introversión (I), la Intuición (N), el Pensamiento (T) y la Percepción (P).

Pero ¿qué significan todos estos términos? Analicémoslos en detalle.

Para recapitular, los 16 tipos de personalidad de Jung están organizados en cuatro rasgos opuestos o escalas:

Introversión (I): tendencia a obtener energía por cuenta propia y a estar preocupado fundamentalmente por nuestro mundo interior de pensamientos, ideas y sentimientos. Las decisiones suelen tomarse en solitario.

Las personas con una fuerte introversión son reservadas e introspectivas y tienen una gran capacidad para pensar y escuchar. Les gusta ser autosuficientes y prefieren los deportes en solitario, viajar solos y las

actividades tranquilas como, por ejemplo, la lectura. Los viernes por la noche prefieren quedarse en casa viendo su serie favorita o leyendo un buen libro.

Extraversión (E): tendencia a obtener energía de otras personas y a preocuparse por el mundo exterior. La toma de decisiones se produce después de recabar la opinión ajena.

Las personas con una fuerte extraversión son francas, accesibles, excelentes conversadoras y líderes naturales. Prefieren los deportes de equipo, las grandes fiestas y conocer a gente nueva. Su plan ideal para los viernes por la noche es salir con los colegas, hacer nuevos amigos y pasárselo en grande. Los más populares del grupo, vamos.

Sensación (S): preferencia por captar la información a través de los cinco sentidos: vista, tacto, gusto, oído y olfato. Conocer a través de la experiencia. Elegir lo más práctico y fiable.

Las personas con un alto grado de sensación tienen los pies en el suelo y son equilibradas, prácticas y realistas. Prefieren las actividades en las que pueden utilizar objetos del mundo real, como la escultura, la construcción o el paisajismo. Les confunden las teorías y los conceptos abstractos y, a veces, pueden llegar a considerarlos una pérdida de tiempo o incluso algo inútil.

Intuición (N): preferencia por las corazonadas, los descubrimientos sorprendentes, aprender recabando información, la especulación en el terreno de las ideas, prever acontecimientos y predecir lo que va a ocurrir.

Las personas con un alto nivel de intuición son innovadoras, visionarias, orientadas hacia el futuro y creativas. Prefieren las actividades relacionadas con las ideas, como la escritura creativa, la meditación o la improvisación. Conceptos como el «sentido común» o los detalles minuciosos pueden resultarles difíciles de entender. El trabajo repetitivo, monótono y poco variado suele provocarles rechazo.

Pensamiento (T): preferencia por tomar decisiones basadas en hechos, pros y contras, y objetivos. Actitud emocional neutra y lógica.

Las personas con un alto nivel de pensamiento suelen ser analíticas, lógicas, objetivas y amantes de los datos. Prefieren resolver los problemas

racionalmente y realizar actividades que les hagan pensar, como juegos de mesa, rompecabezas o programación. Son amantes de los conflictos y las discusiones porque les ayudan a perfilar mejor sus opiniones y a expresarlas de una forma más racional.

> *Donde reina la sabiduría, no hay conflicto entre el pensamiento y el sentimiento.*

Sentimiento (F): preferencia por tomar decisiones basadas en cómo éstas pueden afectar a otras personas, los valores personales (subjetivos) y en cómo nos hace «sentir» la situación.

Las personas con un alto nivel de sentimiento son emocionalmente sensibles, románticas e idealistas. Prefieren las actividades que les ayudan a canalizar sus emociones, como el canto, el baile o la poesía recitada. Son muy sensibles a los conflictos y las críticas severas, por eso dedican una gran parte de su tiempo a tratar de mantener la paz en su entorno social.

Juicio (J): preferencia por cumplir (e incluso adelantarse a) los plazos, programar las actividades con antelación y considerar que el tiempo es un recurso finito (e importante). Actitud que valora por encima de todo el cumplimiento de lo acordado.

Las personas con un alto nivel de juicio son prudentes, organizadas, a veces impacientes y excelentes planificadoras. Para poder rendir de forma óptima, necesitan entornos estructurados con plazos y expectativas claramente definidos. Aunque consideran que las discusiones son necesarias para progresar, siempre prefieren llegar a algún tipo de resolución. Las promesas son sagradas; puedes confiar en su palabra a menos que se produzca una verdadera emergencia.

Percepción (P): preferencia por mantener todas las opciones abiertas «por si acaso» surge algo mejor, considerar que los plazos son algo flexible y ver el tiempo como un recurso elástico. Todo es un «tal vez».

Las personas con un alto grado de percepción son más permisivas, despreocupadas, pacientes y adaptables. Prefieren «dejarse llevar por la corriente» y enfrentarse a los proyectos sin plazos muy estrictos ni listas de tareas predefinidas. Se desenvuelven bien en el desorden, la ambigüedad y la confusión, a veces hasta el punto de que puede llegar a convertirse en un problema.

¡Abajo los estereotipos!

A Internet le encanta exagerar ciertas características y hacer suposiciones sobre determinados tipos de personalidad. Por ejemplo, sólo porque una persona apenas participe en las conversaciones y sea reservada no significa necesariamente que sea introvertida. Tal vez se sienta perfectamente cómoda formando parte de un grupo. Para saber si alguien es extravertido, debemos fijarnos en si *obtiene* energía de la gente que lo rodea. Por el contrario, una persona alegre y ruidosa puede sentirse agotada cuando está rodeada de gente y, por tanto, ser en el fondo un introvertido.

> ***Todo aquello que nos molesta de los demás puede ayudarnos a comprendernos mejor a nosotros mismos.***

Según otro estereotipo muy extendido, los reflexivos son maleducados y los sentimentales, educados. Aunque a primera vista esto pueda parecer cierto, en realidad se trata de otra idea errónea ampliamente extendida. Un persona reflexiva y madura puede dar fácilmente la impresión de ser sensible si participa en las discusiones de manera civilizada. Es posible que los reflexivos que se han visto obligados a interactuar con mucha gente hayan perfeccionado el arte de la inteligencia emocional, lo que puede dar la impresión de «sentimiento».

Por el contrario, no es demasiado agradable relacionarse con un sensible inmaduro que aún no ha aprendido a controlar los arrebatos de ira ni las rabietas. La mayoría de los niños parecen inclinarse por el sentimiento a una edad temprana; en cambio, su pensamiento tarda más en desarrollarse y se manifiesta a través de las acciones y durante las conversaciones. «¡Pero lo quiero AHORA! Gritaré y lloraré si no consigo lo que quiero hasta que me escuches». Pisotón, pisotón.

Los niños tardan más en desarrollar el pensamiento y deben aprender a controlar sus emociones.

No olvidemos el complejo de superioridad asociado a las personalidades intuitivas. Sólo porque una persona sea intuitiva en lugar de sensitiva no significa que sea «más inteligente» ni «mejor». La inteligencia puede adoptar formas muy distintas como, por ejemplo, la musical o la naturalista. Es bueno que las personas sean diferentes y se complementen entre sí. Si no, ¿qué sentido tiene que existan tantos géneros musicales y materias que aprender?

Ser inteligente va mucho allá que saber de números (numéricos) y palabras (lingüísticos). Efectivamente, la escuela sólo es una parte de la historia. Según Jung, cada tipo de personalidad tiene sus puntos fuertes y débiles; todos somos inteligentes a nuestra manera. Si llegas a conocer bien a alguien, descubrirás lo inteligente que es y lo mucho que sabe de los temas que más le interesan.

Podría parecer que los juiciosos y los perceptivos son los pares opuestos junguianos más fáciles de distinguir. Si son organizados, son juiciosos. Y si son desordenados, son perceptivos. Más adelante volveremos a esto. A los juiciosos les gusta planear las cosas con antelación y trabajar siguiendo un programa preestablecido. Los juiciosos mantienen todas las opciones abiertas y trabajan a ráfagas.

El universo de la personalidad, sin embargo, no termina aquí. Pasemos ahora a las funciones cognitivas de Jung... las piezas que nos faltan para completar el rompecabezas de la personalidad.

La inteligencia puede adoptar formas muy distintas.

4

Las ocho funciones cognitivas

(también conocidas como conductores y pasajeros de la personalidad)

Las ocho funciones cognitivas son los cimientos de la tipología de la personalidad de Jung, las piezas con las que se construyen los patrones de cuatro letras que mejor definen nuestra personalidad. La primera función dirige nuestra toma de decisiones, por lo que podemos compararla con el conductor de un vehículo. Se trata de la función más madura, aquella con la que nos desenvolvemos de la forma más cómoda. Aquel aspecto de nosotros mismos que consideramos «normal» y por el cual recibimos la mayor parte de los cumplidos.

En primer lugar, tenemos la función *dominante* (primaria), la cual está respaldada por una función *auxiliar* (secundaria), y después vienen las funciones *terciaria* e *inferior* (cuarta). Estas funciones pueden ser extravertidas (orientadas hacia el mundo exterior) o introvertidas (orientadas hacia el mundo interior). Imagina que la función dominante ocupa la parte superior de la serie de funciones y que la inferior se sitúa debajo del todo. Las personas extravertidas se desenvuelven con una función extravertida, mientras que los introvertidos lo hacen con una función introvertida. La serie de funciones se completa alternando entre las dos orientaciones. Así, por ejemplo, la serie de funciones de un extravertido

La teoría de Jung sobre las funciones cognitivas puede compararse a un viaje en coche con la familia: la función principal sería el conductor, la secundaria, el acompañante, y las otras dos, los niños sentados en el asiento trasero.

sería: extravertida - introvertida - extravertida - introvertida, y todo lo contrario para los introvertidos. Jung bautizó la última función, es decir, la inferior, función «infantil y tiránica». Como un bebé enfadado.

Podríamos compararlo a una familia viajando en coche. La función primaria sería el conductor del vehículo de la psique junguiana, la función auxiliar ocupa el asiento contiguo al de la función primaria (dándole indicaciones y sugerencias), mientras que las funciones terciaria e inferior son los niños sentados en los asientos traseros que gritan cuando tienen hambre, sed o hay baches en la carretera. Normalmente, es fácil distraerlos y consolarlos. ¿Y qué hay de las *funciones ocultas* (las que no podemos ver, las que están por debajo de las cuatro funciones principales)? Estos granujas problemáticos están escondidos en el maletero del vehículo y puede que sólo salgan de él para picar algo a medianoche. Se pasan la mayor parte del tiempo ocultos y rara vez ven la luz del día, a no ser que se produzca algún suceso imprevisto. Aparecen cuando nos quedamos sin gasolina o tenemos un pinchazo; y después vuelven a esconderse rápidamente. Es posible que te preguntes: «¿Pero qué demonios hacen en el vehículo de la psique junguiana este tipo de funciones?», Pues porque también son una parte de nosotros, a pesar de su naturaleza un tanto sombría.

> “*Conocer tu lado oscuro es la mejor manera de tratar con el lado oscuro de los demás.*”

El uso funcional descendente de nuestro vehículo de la psique junguiana es el siguiente:

1. Primario (conductor)

2. Auxiliar (asiento del pasajero)

3. Terciario (niño - asiento trasero)

4. Inferior (bebé - el otro asiento trasero)

Aunque rara vez veamos las funciones ocultas, siguen siendo una parte importante de nuestra personalidad.

Según Jung, las funciones que no son ni dominantes ni auxiliares (es decir, aquellas funciones en la sombra arrinconadas en algún lugar del maletero del coche) se expresan a través del inconsciente; en los sueños, por ejemplo. Los temas recurrentes durante un momento fundamental de la vida pueden indicar una transición o un avance importante. Jung creía que los sueños pueden revelar información acerca del futuro, como si fueran una especie de bola de cristal.

> ***“Confrontar a una persona con su sombra es mostrarle su propia luz. En cuanto se ha experimentado varias veces qué se siente al decidir entre los opuestos, se empiezan a comprender las intenciones del Sí-mismo.”***

Estas funciones están vinculadas a diversos arquetipos (o símbolos) que representan etapas de la vida, así como sentimientos y pensamientos reprimidos. (Más adelante trataremos esto con mayor profundidad).

La función terciaria suele desarrollarse en la edad madura del individuo, y la función inferior surge en periodos de estrés elevado. ¿Y qué pasa con las funciones que se encuentran aún más abajo? Pues que salen de las sombras de la psique durante las crisis psicológicas.

> ***“El inconsciente es desfavorable o peligroso sólo porque estamos en desacuerdo con él y, por tanto, en oposición a él.”***

Insisto: las funciones extravertidas (que terminan en -e, por ejemplo, *Se*) se ocupan del mundo exterior (nuestras acciones en la realidad física), mientras que las funciones introvertidas (que terminan en -i, como *Fi*) se ocupan del mundo interior (los pensamientos que se gestan en nuestra mente). Por tanto, «e» para externo e «i» para interno. Chupado.

Carl Jung creía que las funciones ocultas podían aparecer en los sueños.

Conductor, copiloto y pasajero de la psique junguiana

Jung afirma: «La función primaria es el factor decisivo». Esta función, es decir, el conductor al volante de nuestra personalidad (que resulta ser la más antigua y madura), es la que decide, en última instancia, adónde ir, cuándo hemos llegado y cuándo podemos hacer una parada. Es la encargada de realizar todas las maniobras conscientes; y, además, sin necesidad de GPS. Es la función con una mayor confianza en sí misma.

La función auxiliar ocupa el asiento del pasajero, está al mando del GPS y es la encargada de dar instrucciones al conductor. Sus sugerencias suelen ser del agrado de éste, por eso se llevan tan bien. Sin embargo, la función auxiliar es mucho más que una elegante dama a la que sacan de paseo. En realidad, ejerce una influencia considerable. Pero no olvides que en el asiento trasero del coche de la psique junguiana hay dos pasajeros más...

El vehículo se sacude con un bache del asfalto. La función terciaria, también conocida como el niño, se despierta. Empieza a quejarse. Hace demasiado calor. ¿Alguien puede comprarle un tentempié? Tiene hambre. La música está demasiado alta, el asiento está en una posición extraña, etc. Todo esto termina por estresar al conductor. Cuando las funciones primaria y terciaria se enzarzan en una discusión interminable, entramos en un *bucle de estrés*.

Después de una hora de discusión entre el niño y el conductor, el bebé (función inferior) se despierta y empieza a gritar a pleno pulmón. A estas alturas, el conductor ya no oye ni el GPS ni las peticiones del niño, y todo el mundo se pone de mal humor. Se trata de una función conocida como *función de control,* la cual suele activarse cuando nos enfrentamos a una situación de estrés elevado.

Las comparaciones de Jung entre introvertidos y extravertidos

Jung también señala que la introversión se hace patente a través de la tensión general, mientras que la extraversión se manifiesta a través de la relajación general. A veces el mundo puede convertirse en un lugar demasiado ruidoso y ajetreado para los introvertidos, quienes necesitan estar mucho tiempo a solas para recargar pilas. Por el contrario, los extravertidos, suelen aburrirse y ponerse nerviosos cuando están solos, aunque también tienen tendencia a causar problemas si lo están durante demasiado tiempo. Esa debería ser su señal de alarma.

> ***«No existen los extravertidos puros ni los introvertidos puros. Un tipo de persona así estaría en el manicomio. Son sólo términos que sirven para designar una determinada inclinación o tendencia.»***

Para ilustrar visualmente esta distinción, Jung le pide al lector que imagine a un introvertido en un lugar tranquilo y agradable, como, por ejemplo, un parque discreto al amanecer, a una hora en la que la mayoría de la gente aún está durmiendo. Los introvertidos pueden relajarse hasta casi parecer extravertidos en compañía de amigos íntimos y familiares. Pero, recuerda, su alboroto y excitación pasajeras están reservadas para las pocas personas en las que más confían.

No obstante, cuando un extravertido está atrapado en una «habitación oscura y silenciosa» (como durante la pandemia, cuando nos pasábamos interminables horas trabajando o estudiando a solas), donde incluso sus propios pensamientos pueden atormentarle, terminará reducido a un estado de tensión y se parecerá mucho a un introvertido en su estado natural: tranquilo, discreto y concentrado mientras está solo. Según Jung, estos son ejemplos extremos.

Un introvertido en un parque tranquilo es capaz de relajarse sin el ruido ni las distracciones del entorno.

Un extravertido que trabaja desde casa, aislado, puede llegar a estresarse si se queda a solas con sus propios pensamientos.

> *¿Cómo puedo ser sustancial si no proyecto sombra alguna? Si quiero ser completo, debo tener un lado oscuro.*

Si dividimos los 16 tipos por la mitad obtenemos ocho categorías o *funciones cognitivas*, cada una de las cuales tiene asignado un nombre común para facilitar su comprensión:

1. Sensación introvertida (Si) - Recordar
2. Sensación extravertida (Se) - Experimentar
3. Intuición introvertida (Ni) - Imaginar
4. Intuición extravertida (Ne) - Lluvia de ideas
5. Pensamiento introvertido (Ti) - Comprender
6. Pensamiento extravertido (Te) - Evaluar
7. Sentimiento introvertido (Fi) - Interiorizar
8. Sentimiento extravertido (Fe) - Conectar

SENSACIÓN INTROVERTIDA (SI) - RECORDAR

Las necesidades corporales, el gusto estético y el simbolismo relacionado con los cinco sentidos son características de *Si*. El aroma de una taza de café humeante puede traerte recuerdos de la adolescencia, cuando te pasabas horas leyendo en la biblioteca. El revoloteo de una paloma por la mañana puede hacerte viajar en el tiempo hasta las acampadas en la montaña cuando eras niño. El sabor de un plato auténtico puede hacerte recordar unas vacaciones exóticas.

Una vieja canción que empieza a sonar en el supermercado puede hacerte rememorar los momentos que pasaste conduciendo solo en tu coche después de pasar la noche con una amante. Bajo estrés, *Si* intenta suprimir y bloquear los recuerdos negativos creando otros nuevos en rápida sucesión. Sin embargo, la mente no olvida y se aferra a ellos, tanto si es emocionalmente sano como si no lo es. *Si* es una función asociativa que da valor y significado a recuerdos que pueden resurgir sin que el individuo sea consciente de ello. Muchos músicos o poetas cuentan con *Si* entre sus funciones, lo que les permite reutilizar sus recuerdos para producir obras de arte emocionalmente precisas; casi como si estuvieran «reviviendo» un momento de su pasado.

Los datos se almacenan de forma pasiva en el inconsciente, como si se tratara de un archivador, para poder reutilizarlos cuando la ocasión lo requiera. Se trata de una lista precisa y detallada de hechos, fechas y palabras importantes almacenados en las profundidades de la mente que, a veces, se desbordan sin previo aviso (sobre todo en situaciones extremas o estresantes).

Cómo puedes desarrollar tu Sensación introvertida (Si): vuelve a mirar viejos álbumes de fotos y anuarios. Rememora momentos de tu pasado y practica la gratitud. Organiza tus pertenencias por fecha o alfabéticamente. Colecciona baratijas con recuerdos asociados a ellas.

Los músicos suelen ser sensitivos introvertidos.

Revisar un viejo álbum de fotos puede ayudarte a desarrollar tu sensación introvertida.

Los tipos de personalidad ISTJ e ISFJ se rigen por la sensación introvertida (Si).

SENSACIÓN EXTRAVERTIDA (SE) - EXPERIMENTAR

Esta función cognitiva es utilizada por los adictos a la adrenalina, los que buscan emociones fuertes y los atletas con una inteligencia kinestésica altamente desarrollada. El momento presente, en toda su intensidad, es de suma importancia, y la realidad se construye a través del movimiento y el pensamiento deliberados. Las personas que se rigen por *Se* suelen destacar la importancia de la destreza manual y la fuerza.

Se obtiene del entorno toda la información sensorial que necesita para tomar las mejores decisiones posibles. Si le falla una opción, buscará rápidamente una alternativa y se lanzará de cabeza al mundo real. *Se* nunca se da un momento de respiro; siempre está dispuesto a pasar a la acción, independientemente de las consecuencias. ¡Mira, un objeto brillante!

Se explora rápidamente y de forma automática el entorno inmediato en busca de posibles oportunidades o amenazas. Es proactivo, de reacciones rápidas y muy hábil en situaciones límite. Su objetivo principal

Los sensitivos extravertidos siempre andan en busca de emociones.

es obtener gratificación instantánea del mundo exterior. Por ejemplo, a través de platos extravagantes, el paracaidismo, la conducción temeraria o el búlder.

En situaciones estresantes, *Se* puede parecer que se entrega a placeres sensoriales poco saludables, como el alcoholismo, el escapismo (por ejemplo, la telerrealidad o los videojuegos) y la glotonería (comer en exceso, sobre todo alimentos que se consideran manjares). Esta tendencia puede ser especialmente peligrosa para aquellos tipos de personalidad en los que *Se* ocupa la posición terciaria o inferior en su serie de funciones.

Cómo puedes desarrollar tu sensación extrovertida (Se): ¡Mueve el cuerpo y suda un poco! Entrena los reflejos y potencia tu fuerza.

Relacionarte con el mundo a través de los sentidos —oliendo flores, por ejemplo— puede ayudarte a desarrollar tu sensación extravertida.

Disfruta del mundo con los cinco sentidos: huele las flores, escucha el canto de los pájaros, degusta los variados matice de la comida. Deléitate con cada instante. El momento presente es un regalo, ¡empápate de él! Nunca volverás a ser tan joven como eres ahora.

Los tipos de personalidad ESTP y ESFP se rigen por la sensación extravertida (Se).

INTUICIÓN INTROVERTIDA (NI) - IMAGINAR

Algunos de los pilares de *Ni* son las elaboradas visiones sobre el futuro, el «efecto eureka» y las experiencias trascendentes. Esta categoría cognitiva busca la totalidad, la perspectiva más amplia posible y, en última instancia, la unidad de la siempre desconcertante naturaleza del mundo. Se trata de la función cognitiva más incomprendida, por lo que puede parecer bastante confusa incluso para nuestro círculo de amigos o familiares más cercano.

Ni siempre intenta comprender una situación en toda su complejidad, pues su objetivo consiste en hacer predicciones sobre lo que el futuro le *depara* (y no sobre lo que *puede* depararle). Si lo comparamos con el funcionamiento de una célula, el núcleo de ésta sería la visión

Uno de los elementos esenciales del intuitivo introvertido es el «efecto eureka».

esencial elaborada por *Ni*, mientras que los orgánulos son los conceptos que crecen e interactúan para facilitar el crecimiento personal.

Ni, que resulta sorprendentemente distinta del resto de funciones, tiene destellos de brillantez creativa y comprensión profunda. Como si se tratara de un tablero de inspiración, *Ni* hace acopio de todo aquello que despierta su interés para potenciar un futuro mejorado con ayuda del infame «efecto eureka». Es tremendamente complicado explicar el proceso que se produce en el interior del complejo entramado de su mente y que le permite comprender las cosas de un modo tan profundo.

El funcionamiento de la intuición introvertida es subjetivo, y «anda detrás de la menor oportunidad en el bullicioso seno del inconsciente». Para un extrovertido, los intuitivos introvertidos viven absortos en su pequeño mundo de fantasía y pierden fácilmente la noción del tiempo en el «estado de flujo». *Ni* no entiende *p*or qué ha de vivir en el «mundo real» cuando los universos imaginarios son mucho más seguros, estimulantes y utópicos.

Escribir en un diario de sueños puede ayudarte a desarrollar tu intuición introvertida.

Cómo puedes desarrollar tu intuición introvertida (Ni): escribir un diario de sueños puede ayudarte a descubrir qué intenta decirte tu subconsciente. Trata de imaginar tu futuro y cómo podría ser tu vida. ¿Qué cambios ves? ¿Por qué las cosas serán distintas? Pon por escrito tus pensamientos y, pasado un tiempo, vuelve a leerlos para comprobar qué ha cambiado.

Los tipos de personalidad INTJ e INFJ se rigen por la intuición introvertida (Ni).

INTUICIÓN EXTRAVERTIDA (NE) - LLUVIA DE IDEAS

Ne es todo nuevas ideas, conexiones abstractas y una corriente interminable de suposiciones del tipo «¿Qué pasaría si...?». Disfruta conectando sutilmente temas aparentemente dispares. Al fin y al cabo, ¿qué mejor manera de comprender el mundo que jugando con ideas y conceptos? Siempre hay un punto de vista nuevo que explorar. Cualquier tema de interés siempre puede ampliarse. *Ne* suele manifestarse en forma de entusiasmo juvenil.

Las lluvias de ideas y establecer conexiones son una parte esencial de la intuición extravertida.

Experimentar con proyectos artísticos o probar nuevas aficiones puede ayudarte a desarrollar tu intuición extravertida.

Para un observador imparcial, el comportamiento de *Ne* puede parecer disparatado, frenético y un poco (léase: extremadamente) chiflado. En mitad del galimatías de ideas, *Ne* siempre siente el impulso de continuar explorando y *llegar tan lejos como sea posible;* para *Ne* los límites no existen. O quizá es que ya los ha superado y ha empezado a crear nuevos límites a partir de los anteriores. Cualquier teoría nueva, por muy alocada que ésta sea, merece ser debatida; cualquier cosa puede ser objeto de discusión. *Ne* prefiere entender muchas cosas a entenderlas en profundidad.

Durante las conversaciones, *Ne* pasa de una idea a otra, incluso si la relación que existe entre ambas es tangencial, con naturalidad y sin previo aviso. Comparada con las demás funciones junguianas, su energía podría considerarse «espasmódica» o «nerviosa». Así, una charla sobre la última película de superhéroes puede desembocar en un análisis de cómo les afectan a los personajes las estructuras sociales en juego, lo cual puede dar pie a hablar de...

...cómo las excentricidades de un personaje en cuestión le recuerdan a las de otro personaje de una película anterior, lo que puede desembocar en un debate acerca de las extrañas diferencias que existen entre diversos directores de cine.Y esto, a su vez, puede dirigir la conversación hacia una entrevista con cierto director de cine y las revelaciones que hizo en ella.

Ne es aleatorio y vertiginoso, y lo es todo el tiempo. Las personas con un *Ne* desarrollado son capaces de relacionar una lista de diez conceptos completamente inconexos en menos de un minuto. Sólo para pasar el rato.

Cómo puedes desarrollar tu intuición extravertida (Ne): prueba cosas nuevas; puede ser cualquier cosa: un tipo de cocina, una afición o incluso un tema. Amplía tus gustos, deja de lado los prejuicios y sé espontáneo. Piensa con la ayuda de un amigo en actividades divertidas y haced una lluvia de ideas. Experimenta con diferentes conceptos como, por ejemplo, el arte con técnicas mixtas.

Los tipos de personalidad ENTP y ENFP se rigen por la intuición extravertida (Ne).

A los reflexivos introvertidos les gusta desarrollar un sistema completo de conocimiento.

PENSAMIENTO INTROVERTIDO (TI) - COMPRENDER

Como si se tratara de un proceso iterativo que trata de reducir los elementos a sus fundamentos más básicos, *Ti* disemina y filtra la información entrante y escudriña las incoherencias con pensamiento crítico. Aunque siempre está abierto al debate, es *notoriamente* difícil de convencer o persuadir. Por encima de todo, requiere claridad mental y firmeza.

Prefiere el razonamiento inductivo al deductivo, ya que, si a un fenómeno abstracto le falta algún eslabón, *Ti* los conecta de forma inconsciente gracias a una red de ideas que no deja de metamorfosearse. La nueva información debe ser analizada *antes* de penetrar en esta red extremadamente maleable. *Ti* se pregunta constantemente: «¿Tiene esto algún sentido para *mí*?».

Por ejemplo, en el aprendizaje de una materia, *Ti* no se conforma exclusivamente con los hechos; necesita comprender los mecanismos subyacentes, los matices y el sistema que regula todo ese ámbito del conocimiento. Este proceso, naturalmente, es minucioso, por lo que en la mayoría de los casos son necesarios meses, sino años, de trabajo solitario e ininterrumpido para que pueda cristalizar.

Ti recurre a los experimentos en el mundo real mediante la metodología de ensayo y error para formular patrones y leyes generales que expliquen la naturaleza impredecible, caótica y fluctuante de una realidad destinada a la entropía. Los campos emergentes del pensamiento

Los juegos de estrategia pueden ayudarte a desarrollar tu pensamiento introvertido.

sistémico y la metacognición (reflexionar sobre el pensamiento) le van a *Ti* como anillo al dedo.

Cómo puedes desarrollar tu pensamiento introvertido (Ti): aprende a pensar y a reflexionar sobre cómo pensar. Cuestiónalo todo y pregúntate por qué las cosas son como son. Discute con un amigo. Juega a juegos de estrategia. Nunca dejes de cuestionarte la realidad de la naturaleza. Lee libros que traten sobre diversos sesgos cognitivos o filosofías que puedan cambiar tu visión del mundo.

Los tipos de personalidad ISTP e INTP se rigen por el pensamiento introvertido (Ti).

PENSAMIENTO EXTRAVERTIDO (TE) - EVALUAR

Te es un apasionado de las metodologías, mediciones y sistemas demostrados. Es un emprendedor, alguien a quien le encanta la acción y que las cosas *funcionen*. Procura optimizar las experiencias, dinamizar los pro-

El reconocimiento de los logros mediante premios, certificados y ascensos es un importante motivador para los reflexivos extravertidos.

cedimientos y categorizar las tareas para afrontar el día a día de forma productiva. ¿Qué mejor manera de acabar el día que actualizando la lista de tareas?

Los horarios con plazos y columnas bien delimitadas le ayudan a optimizar de forma eficaz las tareas cotidianas. A *Te* le fascinan los reconocimientos, los certificados y los programas académicos normativos. También le atraen especialmente los símbolos de estatus y reconocimiento. Una persona con un nivel alto de *Te* es probable que exhiba en su casa todos los logros que ha conseguido reunir a lo largo de una vida excepcional: medallas, trofeos, cintas... toda esa parafernalia.

Te es todo estrategia y método, y para seguir creciendo necesita mejorar continuamente los sistemas preexistentes. Cuando se enfrenta a un problema, traza un plan detallado para corregir y mitigar los errores en tiempo real. Al final, todo se reduce a *si funciona, funciona*. Cuanto menos tiempo dedica a completar un proyecto, mejor. Sólo hechos, señora.

El principio de causa y efecto, fundamento del método científico, es un proceso *Te* por excelencia que permite establecer con claridad cualquier tipo de variable y medir adecuadamente el resultado final. *Te*

Utiliza una agenda para desarrollar tu pensamiento extravertido.

prefiere utilizar el conocimiento aplicado (y verlo en funcionamiento en el mundo real) a perfeccionar aquello que ya conocemos. Por lo general, se adapta bien a los métodos pedagógicos tradicionales.

Cómo puedes desarrollar tu pensamiento extravertido (Te): planifica el día con una agenda o calendario (y ajústate a lo planificado). Organiza tu espacio y flujo de trabajo. Toma decisiones basándote en hechos y aplicando la mayor eficacia posible. Y lo que es más importante, optimiza tu horario. Planifícalo todo concienzudamente y muévete a lo largo del día con resolución. La técnica pomodoro (una estrategia de gestión del tiempo consistente en alternar periodos de trabajo de una duración determinada con pausas programadas) es una gran herramienta para mejorar la productividad.

Los tipos de personalidad ESTJ y ENTJ se rigen por el pensamiento extravertido (Te).

Los sensibles introvertidos valoran por encima de todo la paz interior

SENTIMIENTO INTROVERTIDO (FI) - INTERIORIZAR

Fi se alimenta de los juicios morales, los valores inflexibles y los gustos y aversiones claros. Protege con ferocidad las personas e ideas que valora profundamente y considera significativas o importantes. Exteriormente, puede parecer frío, distante y melancólico. Las aguas tranquilas fluyen a gran profundidad, y *Fi* siente las emociones de un modo muy profundo, aunque puede que las oculte para evitar enfrentamientos.

Busca la paz interior por encima de todo y valora especialmente la autenticidad. *Fi* aprecia los comportamientos coherentes con los valores y la ética personal. La empatía no es un concepto ajeno para *Fi:* si ha vivido una experiencia similar, puede ponerse en la piel de otra persona.

Estar al tanto de tendencias «sinsentido» es una forma de suicidio para *Fi*, pues implica dejarse llevar por la mentalidad colectiva o el gusto popular, algo que su verdadero ser sólo puede interpretar como una decepción y una traición. Para *Fi* es un cumplido, y no un insulto, que le describan como una persona «rara» o «diferente», todo lo contrario que *Fe* (*véase el apartado siguiente,* «Sentimiento Extravertido (FE) – Conectar»). *Fi* se mueve a su ritmo.

Su sistema de valores puede tardar años o décadas en madurar y solidificarse. Tras confirmar internamente esos valores, *Fi* es capaz de tomar decisiones y emprender acciones que estén perfectamente alineadas con ellos con seguridad y certeza. Ante todo, *Fi primero* debe sentirse equilibrado consigo mismo para poder ayudar a otras personas. Las personas con un alto nivel de *Fi* pueden tardar mucho tiempo en sanar.

Cómo puedes desarrollar tu sentimiento introvertido (Fi): comparte tus sentimientos a través del arte, ya sea la poesía, la prosa o la pintura. Escribe un diario personal que nadie más pueda leer. ¿Cómo te gustaría vivir de una forma más auténtica? ¿Cuáles son para ti los valores más importantes? Conecta con las historias de otras personas a través de experiencias similares.

Compartir tus sentimientos a través del arte puede ayudarte a desarrollar tu sentimiento introvertido.

A los sensibles extravertidos les gusta integrarse en grupos y captan rápidamente la atmósfera de la reunión.

Los tipos de personalidad ISFP e INFP se rigen por el sentimiento introvertido (Fi).

SENTIMIENTO EXTRAVERTIDO (FE) - CONECTAR

La comunidad, la armonía intergrupal y la expansión de la actividad social son todas ellas características de la naturaleza espontánea y generosa de *Fe*. Al tratarse de personas fundamentalmente comprensivas y afectuosas, priorizan el bienestar del grupo por encima del suyo propio. En ocasiones, esto puede provocar que se tomen más licencias de las razonables o que sufran un desgaste excesivo al tratar de complacer a todo el mundo.

Fe busca pertenecer a un colectivo más amplio, una comunidad de miembros acogedores y comprensivos. También tiene en alta estima los modales compartidos y las normas sociales. De naturaleza camaleónica, *Fe* expresa abiertamente su afinidad por los sentimientos de los demás. A veces incluso puede *sentir* lo que sienten los demás, ya que capta rápidamente la atmósfera emocional de su entorno. Es lo que se conoce como tener empatía.

Fe desea encajar, «sentirse aceptado» y no ser considerado alguien raro (o un paria), y es por ello por lo que aprende con entusiasmo las reglas no escritas de la popularidad. Las acciones, las formas de comunicación y las modas ajenas pueden influirle de un modo subconsciente. A *Fe* le gusta la armonía de grupo, la aceptación y la seguridad. ¿Qué puede haber peor que ser considerado un marginado o un inadaptado?

En el fondo, *Fe* capta señales sutiles de su entorno para decidir cómo debe comportarse en cada momento y sentir así la seguridad que le proporciona la aprobación de los demás. Aunque no tiene ningún problema en exhibir con orgullo sus sentimientos, también puede ser un excelente actor y recurrir a sus superpoderes imitativos... que pueden servir para un buen o un mal propósito.

Cómo puedes desarrollar tu sentimiento extravertido (Fe): apúntate a una asociación que se dedique a ayudar a los miembros de tu comunidad. Descubre el poder de la empatía y utilízalo para conectar mejor con los demás. Aprende a identificar las emociones y captar la atmósfera emocional de tu entorno. Habla con más gente y ponte en su piel. Puedes aprender muchas cosas de las historias de otras personas.

Los tipos de personalidad ESFJ y ENFJ se rigen por el sentimiento extravertido (Fe).

Utiliza tu empatía y conecta con los demás para desarrollar tu sentimiento extravertido.

5

Los tipos psicológicos de Jung

En *Tipos psicológicos,* el sexto volumen de la obra completa de Jung, encontramos el germen de la revolución de los 16 tipos de la personalidad. Se trata de una obra extensa y compleja, y su enfoque *New Age* basado en la autorrealización (es decir, el culmen de la comprensión del auténtico sí-mismo psicológico, popularizado por el psicólogo estadounidense Abraham Maslow) ayuda a arrojar algo de luz positiva y optimista sobre la naturaleza humana.

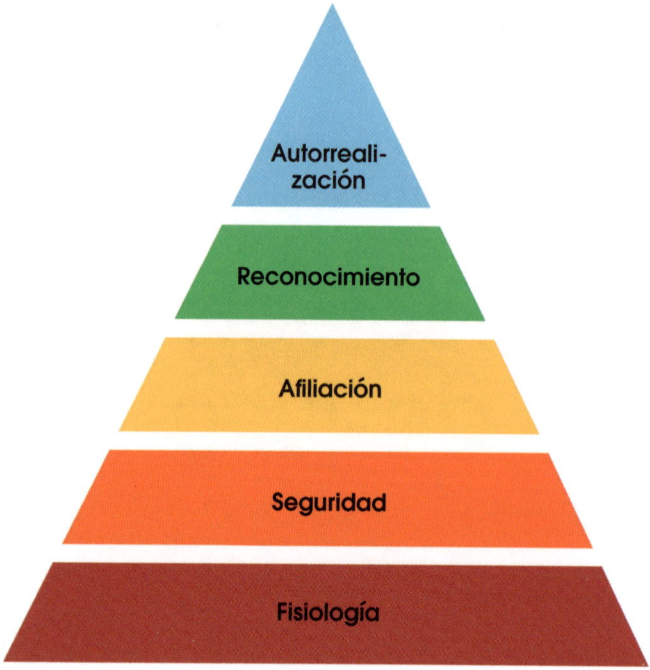

La jerarquía de necesidades de Abraham Maslow, con la autorrealización en la parte superior.

Jung también echó mano de conceptos del existencialismo y de las teorías humanistas para dar forma a sus teorías de la personalidad. Desde su punto de vista, todo el mundo tiene un tipo de personalidad ideal que

Carl Jung se esforzó por catalogar las multitudes que constituyen la personalidad humana en una serie de tipos manejables que pudieran utilizarse como valiosas herramientas para entendernos a nosotros mismos.

debe adoptar y desarrollar a lo largo de su vida. Cada tipo de personalidad tiene sus puntos fuertes y débiles; todo el mundo tiene algo valioso que aportar al mundo.

Jung trabajó incansablemente en sus teorías de la personalidad para proporcionar a los demás las herramientas psicológicas necesarias que les permitieran entenderse a sí mismos, en lugar de enseñarles directamente cómo debían vivir o pensar, como hacen la mayoría de los filósofos. Por lo tanto, depende de nosotros recurrir a nuestra capacidad de entendimiento para descubrir cuál es nuestro tipo de personalidad más adecuado y utilizar ese conocimiento del mejor modo posible.

Para ayudar a clarificar algo más el texto (el cual puede resultar especialmente difícil de entender, sobre todo para los neófitos de la psicología de la personalidad), Jung incluyó un glosario detallado al final de

Jung consideraba que decidir nuestro propio tipo de personalidad era algo «extraordinariamente confuso».

Tipos psicológicos con más de 50 definiciones, entre ellas algunos términos arcaicos o anticuados. Muchos manuales actuales han actualizado los términos junguianos para adaptarlos a la terminología moderna.

Como psiquiatra, Jung dedicó muchas horas a estudiar y comunicarse con sus pacientes, quienes a menudo se sentían confusos e incluso afligidos. También hizo hincapié en la dificultad inherente a la autoevaluación; a Jung le resultaba «extraordinariamente confuso» llegar a una conclusión acerca de su propia personalidad. Para llegar a conocerse es necesario recorrer un largo camino de cuidadosa autorreflexión.

Jung nació en el seno de una familia religiosa, de ahí que incorporara principios de la filosofía (es decir, religión) gnóstica a sus ocho funciones psicológicas. Éste fue un paso capital en su búsqueda de una visión más integral para la comprensión de los tipos de la personalidad humana.

> “*No soy lo que me ha pasado.*
> *Soy lo que decido ser.*”

En *Tipos psicológicos*, Jung ofrece una extensa y profunda crítica de la teoría de los tipos de personalidad a lo largo de la historia en relación con el pensamiento clásico y medieval, la poesía, la psiquiatría, la filosofía y la historia, aludiendo de pasada a los métodos de la «ciencia natural» del químico y filósofo alemán Wilhelm Ostwald, quien había acuñado los rasgos *clásico* y *romántico* a los tipos de personalidad.

En su libro, Jung analiza la relación entre sus tipos de personalidad y los cuatro humores descritos por Galeno que hemos mencionado en el capítulo 1: *colérico* (bilis amarilla), *sanguíneo* (sangre), *flemático* (flema) y *melancólico* (bilis negra).

Con respecto a los pares opuestos propuestos por el filósofo William James, *racionalismo* frente a *empirismo*, Jung comenta que esta oposición ofrece una visión incompleta del *pensamiento*, el cual debería emparejarse con su propio opuesto conceptualizado: el *sentimiento*. Se puede *pensar empíricamente*, como en el caso de los reflexivos intuitivos. Pero también se puede *sentir racionalmente*, como hacen los sensibles sensitivos.

Wilhelm Ostwald dividió las personalidades entre «clásicas» y «románticas».

Jung también se mostró en desacuerdo con la siguiente afirmación del filósofo alemán Immanuel Kant: «La razón es la fuente de la idea». Para Jung, esto era una visión puramente introvertida. Según él, la supuesta existencia de un esquema (es decir, el concepto general de una idea) para los extravertidos no es más que «una elección meramente arbitraria, una generalización a partir de una experiencia limitada», lo que los hace más propensos a creer en estereotipos.

En resumidas cuentas, por lo que se refiere a la salud psíquica, Jung era partidario de un enfoque «holístico», un concepto relacionado con la comprensión de los pensamientos en el campo de la psicología analítica. En otras palabras, hay un aspecto opuesto a la luz: la oscuridad; todos tenemos funciones conscientes y funciones de la sombra. Jung reitera la importancia de la espiritualidad oriental y occidental, y defiende la aceptación dinámica del enfoque tanto científico como espiritual en el estudio de la personalidad.

Como hemos mencionado anteriormente, su perspectiva resultó poco convencional y controvertida para la mayoría de los psiquiatras de su época, especialmente para Sigmund Freud, quienes reclamaban datos objetivos y pruebas. Jung, sin embargo, no dejó que esto lo detuviera.

Jung hizo hincapié en una concepción «holística» para la comprensión de la salud mental.

Extravertidos

REFLEXIVOS EXTRAVERTIDOS

ESTJ y ENTJ - regidos por el pensamiento extravertido (Te)

Los reflexivos extravertidos buscan continuamente soluciones y problemas que resolver. Cuando trabajan en equipo, prefieren pensar en términos de productividad y de maximización de objetivos. Cuando buscan una solución, ésta siempre debe estar respaldada con datos objetivos. Si son religiosos, los reflexivos extravertidos son los mayores valedores de su fe, siempre animando a otros miembros de la congregación a seguir los preceptos conforme a lo establecido.

Llevado a un extremo, esta rigidez y seriedad puede asustar o intimidar a otros tipos de personalidad. Los reflexivos extravertidos suelen sentirse atraídos por los puestos de poder o influencia, donde pueden relacionarse con muchas personas. Disfrutan especialmente con un público que sabe valorar tanto sus opiniones como su tiempo y que puede arrimar el hombro cuando la ocasión lo reclama. El mundo necesita líderes de todo tipo, y los reflexivos extravertidos son unos excelentes candidatos.

Los ESTJ aprenden poniendo en práctica una planificación muy bien pensada. Valoran la productividad y el esfuerzo en el trabajo y no se amedrentan si deben recordarle a alguien que mejore su ética laboral. Los ESTJ se atienen tanto a su palabra como a su cuidadosa planificación y respetan a aquellas personas que valoran su tiempo. Aunque a veces pueden ser algo estrictos y mandones con los extraños, tienen un lado tierno que sólo muestran ante sus seres queridos.

A los ENTJ les encanta llevar a cabo proyectos y su objetivo es dar a conocer su trabajo al mundo a través de blogs, pódcast y seminarios. Priorizan las tareas cotidianas y disfrutan aprendiendo a gestionar mejor el tiempo, las finanzas y los recursos. Siempre acuden a las reuniones con notas y un orden del día para discutirlo con el resto del equipo. Se sienten bien después de un largo día (o noche) de duro trabajo y les satisface comprobar cómo sus esfuerzos se aplican con fluidez y eficacia.

A los reflexivos extravertidos les gusta exponer sus ideas ante el mundo, aunque deben evitar agotarse en exceso.

Consejos prácticos para los reflexivos extravertidos: baja el ritmo y descubre el valor del descanso y la relajación. Si antepones el trabajo a la salud, corres el riesgo de quemarte rápidamente. Al final del día, despréndete de todo aquello que no puedes controlar y, a la mañana siguiente, valora si te ha ayudado a despejar la mente. Insisto: ¡haz todo lo posible por descansar! Consúltalo con la almohada si no te queda más remedio y, si ya te sientes agotado, busca una solución al día siguiente.

SENSIBLES EXTRAVERTIDOS

ESFJ y ENFJ - regidos por el sentimiento extravertido (Fe)

Errar es humano; perdonar, divino. Los sensibles extravertidos suelen disponer de varios mantras que repiten a diario. Se esfuerzan por ser mejores personas y ayudar a la sociedad en la medida de sus posibilidades. Desean cuidar y comprender a los demás, compartir sus enseñanzas y empatizar de un modo profundo. No obstante, su pensamiento puede quedar enturbiado por sus sentimientos y por el modo en que sus acciones pueden afectar a los demás.

Los sensibles extravertidos piensan al tiempo que sienten y buscan la conexión con su entorno. Por eso mismo, para ellos lo más importante es la armonía y la felicidad del grupo. Tienen una gran capacidad para empatizar con lo que sienten los personajes de una película, e incluso pueden ponerse a llorar, completamente inmersos en la historia. Los sensibles introvertidos, por el contrario, tendrían que verse reflejados personalmente en un personaje para llegar a conmoverse de ese modo.

Los ESFJ siempre tienen muy presente los próximos acontecimientos especiales: aniversarios, cumpleaños, vacaciones... la lista (y la vida) es interminable. Probablemente tiene una agenda o un calendario magnético donde anota las fechas importantes de sus amigos y familiares. Para el ESFJ, lo más importante es sentirse conectado con los demás y ayudar a su comunidad. Les encanta estar al tanto de las últimas tendencias y descubrir qué está de moda en su entorno social.

La prioridad de los ENFJ es la comunidad en su conjunto y, por tanto, la mejora de la vida de los demás. Altruistas y de naturaleza filantrópica, son unos excelentes profesores y gestores de organizaciones sin

A los sensibles extravertidos les gusta dedicar parte de su tiempo a los demás participando, por ejemplo, en proyectos comunitarios o ayudando en lo posible a los más necesitados. Sin embargo, no deben olvidar que también tienen que ayudarse a sí mismos.

Los sensitivos extravertidos buscan continuamente todo tipo de estímulos, pero también deben prestar atención a su salud.

ánimo de lucro. Les mueve el impulso, intenso y empático, por construir un futuro mejor. Aunque también es cierto que son propensos a desfallecer ante los conflictos, lo que suele provocarles un enorme estrés. Si se cuidan y tienen un poco de paciencia, y establecen límites saludables, pueden convertirse en una fuerza sosegada pero decisiva para el bien.

Consejos prácticos para los sensibles extravertidos: trátate a ti mismo como si fueras tu mejor amigo y prioriza tu bienestar personal. Evita el desgaste emocional estableciendo límites y diciendo que «no» siempre que sea necesario. Sé amable pero firme cuando necesites tiempo para sanar y rejuvenecer. Dedica tiempo a estar solo contigo mismo y a encontrar la paz interior. No, eso no te convierte en un «egoísta», como seguramente estabas pensando. Es un requisito fundamental para cuidar tu salud mental.

SENSITIVOS EXTRAVERTIDOS

ESFP Y ESTP - regidos por la sensación extravertida (Se)

Sólo se vive una vez. Los sensitivos extravertidos disfrutan de cada momento con todos sus sentidos, lo que los convierte en excelentes atletas, socorristas y dobles de películas de acción. Como auténticos conocedores de la vida, se muestran ante el mundo como un libro abierto. Les encanta acumular experiencias y siempre andan en busca de emociones. Esto a veces puede desembocar en comportamientos temerarios o adicciones que les proporcionen un nuevo subidón.

Para ellos lo más importante es el presente, y no dudarán ni un instante en transformar cualquier situación en su mejor versión posible. Por ejemplo, recurriendo a un nuevo contacto para recabar información sobre una idea o encontrando un estimulante para obtener ese impulso de energía adicional que desencalle un proyecto. Sea lo que sea, los sensitivos extravertidos se pasan el día dándole vueltas a algo mientras se mueven a toda velocidad.

Los ESFP son el alma de la fiesta. Siempre tienen un montón de historias que compartir con los demás y desean sacarle el máximo partido a cada segundo de vida. Están dispuestos a probarlo todo, aunque sólo sea una vez, y son capaces de seducir a cualquiera gracias a sus excelentes dotes de conversación. Sin embargo, su estilo de vida derrochador puede hacer que terminen quemándose, lo que puede traer consecuencias negativas tanto para su salud como para sus finanzas. Cuando los ESFP están equilibrados, aprecian cada momento tal y como es y animan a los demás a hacer lo mismo.

Los ESTP son expertos cenestésicos y les encanta mantenerse ocupados. Para ellos no existe el aburrimiento y acuden allá donde esté la acción. Son personas frías y lógicas cuyo estado de ánimo suele mantenerse estable a lo largo del día. Los ESTP saben adaptarse al ritmo de cada momento, una habilidad muy valiosa para aquellas actividades que requieren destreza y agilidad. Suelen estar de baja por culpa de lesiones deportivas, pero una vez se reincorporan al trabajo, ¡lo hacen a lo grande!

Consejos prácticos para los sensitivos extravertidos: tu cuerpo empieza a resentirse por culpa de toda la comida rápida que consumes, y que está bloqueando tus arterias, y de las noches que pasas en vela. Presta especial atención a tu salud; a la larga tanto tu mente como tu cuerpo te lo agradecerán. La clave es la constancia; sólo con 20 minutos de meditación y un poco de *footing* ligero al día puedes obtener un gran beneficio. Anima a tus amigos más introvertidos a perseguir sus sueños y asumir riesgos. Te lo agradecerán de por vida.

INTUITIVOS EXTRAVERTIDOS

ENFP y ENTP - regidos por la intuición extravertida (Ne)

Los intuitivos extravertidos quieren probar cualquier cosa (ya sea algo inteligente o una tontería) que llame su atención, como niños en una tienda de golosinas. Disfrutan conversando con otras personas y exponiendo sus ideas. Siempre andan en busca de nuevas y prometedoras oportunidades y pueden poner en marcha (y abandonar) un proyecto en tiempo récord. Son capaces de ver todas las opciones a su disposición y son proclives a cambiar con frecuencia de profesión.

En sus relaciones sentimentales y con sus amistades ven «lo que podría depararles el futuro», lo que puede provocar que pierdan de vista

Los intuitivos extravertidos disfrutan con una buena conversación, aunque a veces deben acordarse de pedir consejo para evitar emocionarse en exceso.

cómo es realmente la persona, provocando problemas insalvables en el devenir de la relación. Los intuitivos extravertidos tienen facilidad para ver el potencial de las personas y su capacidad de mejora. Sin embargo, no debemos olvidar que las personas son seres complejos y no un proyecto de bricolaje. Este tipo de pensamiento funciona mejor acompañado de soluciones prácticas y un equipo sensato que nos obligue a mantener los pies en el suelo.

Los ENFP se encuentran cómodos en ambientes en los que pueden comportarse con naturalidad mientras exploran nuevas y apasionantes posibilidades. Les gusta relacionarse con otras personas y trabajar en varios proyectos al mismo tiempo, lo que les hace sentir satisfechos e inspirados. Creadores por naturaleza, aprovechan la menor oportunidad para experimentar la condición humana con total libertad. No obstante, su ingenuidad infantil y su ansia de ver mundo a veces pueden provocar que caigan en la procrastinación.

Los ENTP son el abogado del diablo, el polemista y bromista de las 16 personalidades. Rebosan ingenio y carisma a partes iguales, y en cualquier momento pueden sacarse de la chistera diez temas para animar la conversación. Por encima de todo, ansían tener influencia y un modo de vida lucrativo, lo que, en caso de inmadurez, puede desembocar en peligrosas ludopatías. Gracias a sus habilidades duras y blandas, los ENTP se mueven con naturalidad en el ámbito empresarial y en el sector del capital de riesgo.

Consejos prácticos para los intuitivos extravertidos: busca una segunda opinión (¡o una tercera!) que te ayude a fundamentar y evaluar tus ideas. Debes aprender a organizar y ejecutar adecuadamente tus numerosos planes. Sigue una rutina saludable para generar mejores ideas y reducir el estrés. Tanto en el ámbito laboral como en los círculos de amigos, la gente necesita líderes que les ayuden a reforzar la energía positiva y las ideas. Advertencia: ¡es tu gran oportunidad para destacar!

Introvertidos

REFLEXIVOS INTROVERTIDOS

ISTP y INTP - regidos por el pensamiento introvertido (Ti)

Prueba y ensayo. A los reflexivos introvertidos les encanta resolver problemas, ya sea en cuestiones prácticas o cuando se dedican a teorizar. Escépticos hasta la médula, les gusta entender cómo funciona el mundo, cómo se relaciona cada parte con el todo y buscar la verdad. Se pasan la mayor parte del tiempo dándole vueltas a la cabeza para tratar de resolver las preguntas y paradojas más complejas de la existencia humana. Es muy difícil relajarse cuando tu cerebro está continuamente pensando y razonando.

A veces esto significa pasarse horas interminables revisando textos y libros académicos para descartar opiniones emocionales y banalidades. En su búsqueda de la verdad, se esfuerzan por pulir hasta la perfección el diamante del conocimiento. Se cree que muchos jugadores de póquer famosos son reflexivos introvertidos por el uso que hacen de las estrategias dinámicas, al hacer apuestas o ir de farol, por ejemplo. Son unos excelentes investigadores y filósofos, pues necesitan autonomía y pasar mucho tiempo a solas.

A los ISTP les encanta vivir los acontecimientos de primera mano y con los cinco sentidos. Aprenden sumergiéndose en una situación sin ninguna orientación previa y cometiendo errores (y corrigiéndolos) sobre la marcha. Los ISTP aprenden y adquieren habilidades con rapidez, convirtiéndolos en personas excepcionalmente aptas para los oficios especializados, como la carpintería o la ebanistería. Pueden parecer distantes ante los extraños y difíciles de conocer, lo que puede dificultar su capacidad para hacer amigos o consolidar relaciones sentimentales.

Los INTP son los típicos científicos rigurosos y atolondrados, pero de corazón juguetón. La imagen más célebre de esto es la de Albert Einstein con la lengua fuera. Cuando están absortos en el trabajo, pueden

A los reflexivos introvertidos les encanta analizar problemas complejos y dedicarse a la investigación, aunque a veces necesitan que les recuerden que todos sus esfuerzos deben tener una aplicación en el mundo real.

perder fácilmente la noción del tiempo y descuidar algunas necesidades básicas, como comer, por ejemplo. Los INTP disfrutan con las ideas, por muy extrañas y descabelladas que éstas sean. En ocasiones pueden ser víctimas de la procrastinación al desarrollar una idea en su cabeza en lugar de plasmarla en la realidad.

Consejos prácticos para los reflexivos introvertidos: pon a trabajar tus ideas en el mundo real. Sí, eso significa que tendrás que *aplicarlas* en lugar de investigar por el mero placer de investigar. ¿Que cómo se hace eso? Pues, por ejemplo, reuniendo a un grupo pequeño pero competente de personas que compartan tu misma visión. Pasear, ir al gimnasio o practicar un deporte en solitario puede ayudarte a ver las cosas más claras. Pierde el miedo a *sentir* emociones, por muy ilógicas o innecesarias que te resulten en ese momento.

SENSIBLES INTROVERTIDOS

ISFP y INFP - regidos por el sentimiento introvertido (Fi)

«Así es cómo soy», asegura Charlie Puth en una de sus canciones. A los sensibles introvertidos les encanta la autenticidad y mantenerse fieles a sí mismos. Aunque interiormente sus sentimientos suelen ser muy intensos, se muestran ante el mundo tras una fachada de estoicismo, como un rayo atrapado en una botella. Sin embargo, cuando les embarga la emoción y están en un ambiente cómodo, son capaces de mostrarlo al mundo con una sonrisa de oreja a oreja. Se pasan el día analizando a las personas, las experiencias y las cosas y dándoles un «me gusta» o «no me gusta».

¿Su sueño? Plasmar sus sentimientos a través del arte y continuar creando durante el resto de su vida. Los sensibles introvertidos se rigen por unos principios morales estrictos que muestran al mundo con orgullo, normalmente a través de su estilo de vida, pero, si se sienten amenazados, también pueden hacerlo de una forma más llamativa como, por ejemplo, con un ataque de ira. Muchos artistas expresan sus sentimientos a través de las letras de sus canciones, de los personajes que interpretan desde un escenario o incluso a través de las imágenes ocultas

Los sensibles introvertidos suelen ser grandes artistas, aunque a veces necesitan un empujoncito que los saque de su zona de confort.

en sus pinceladas. Se cree que muchos (aunque no *todos*) de los artistas que se han muerto de hambre a lo largo de la historia eran sensibles introvertidos.

Los ISFP muestran con orgullo su individualidad a través de la moda y su estilo de vida. Viven en perfecta sintonía con sus sentimientos y pueden verse reflejados fácilmente en las historias de los demás comparándolas con experiencias similares que han vivido en el pasado. En lugar de seguir ciegamente las últimas tendencias, les gusta avanzar por territorio desconocido y reafirmar sus peculiaridades. En la búsqueda de sí mismos, pueden caer en un consumismo excesivo arrastrados por todo aquello que les atrae en ese momento.

Es posible que los INFP sean los que se muestren más reacios con la teoría de los tipos de personalidad y se nieguen a ser «etiquetados» o «encasillados» junto a otras personas. No exhiben en exceso su individualidad, sino que ésta está más bien centrada en su interior. Pese a mostrar una calma aparente, su mente suele estar plagada de ensoñaciones y visiones. Aunque normalmente se llevan bien con los demás, pueden tener problemas cuando se enfrentan a angustias emocionales o figuras autoritarias demasiado rígidas.

Consejos prácticos para los sensibles introvertidos: atrévete a aprovechar la oportunidad de conectar con personas afines a ti. Sal paulatinamente de tu zona de confort. Organiza tu tiempo de forma eficaz; si es necesario, utiliza un cronómetro. Solicita el periodo de prácticas que siempre has soñado. El primer paso hacia la consecución de tus sueños consiste, literalmente, en dar ese primer paso. Rodéate de personas positivas, protectoras y que te animen a destacar.

SENSITIVOS INTROVERTIDOS

ISFJ y ISTJ - regidos por la sensación introvertida (Si)

Relajados y organizados, los sensitivos introvertidos son las hormigas obreras, fiables y responsables, de las 16 personalidades. Les gusta lo previsible, la rutina, y se convierten con naturalidad en el eje central de su círculo social. Sus horarios y acciones suelen ser predecibles, y a veces incluso rozan la perfección. La educación tradicional y el trabajo estructurado están hechos para ellos. Aparentemente, los ISTJ y ISFJ son los tipos de personalidad más comunes.

Los sensitivos introvertidos tienen buen ojo para las tradiciones y costumbres, lo que les permite integrarse sin dificultades en la sociedad. Su honradez y fiabilidad hace que sea fácil llevarse bien con ellos. Trabajan bien con casi todo el mundo y comprenden la necesidad de lo trivial para el correcto funcionamiento de la vida. En el ámbito laboral, suelen ser fieles a una empresa durante muchos años. Cuando se trata de pedir comida, tienen unos cuantos platos básicos y lugares a los que les gusta regresar con regularidad.

Los ISFJ valoran la tradición y les encanta ayudar a los demás, lo que da un sentido a sus vidas. Llevan a sus seres queridos en el corazón y valoran la familia y la lealtad por encima de todo. Pese a que normalmente se expresan con calma y afabilidad, son capaces de enfrentarse con valentía y arrojo a las personas que se atreven a intimidar a sus seres queridos, pues consideran que debe tratarse a los demás como les gustaría que les trataran a ellos. Puedes confiar en ellos para guardar un secreto.

Los ISTJ afrontan todos los días con una actitud seria y organizada. Nadie en la oficina supera su robusta ética de trabajo, y a menudo se llevan a casa el premio al «empleado del mes (o del año, o de la década)». Son capaces de recordar una gran cantidad de detalles e información, y destacan en profesiones como el derecho, la contabilidad o la medicina. ¿Su principal problema? No les gustan los cambios porque consideran que no son necesarios (si algo funciona, no lo toques).

Consejos prácticos para los sensitivos introvertidos: deja que tu niño interior salga a jugar de vez en cuando; dedica algo de tiempo al juego y la relajación. Los demás perciben tu fuerza silenciosa y tu lealtad, así que deberías sentirte orgulloso de ti mismo. Rodéate de amigos que te animen a probar cosas nuevas y a ampliar tu visión del mundo. Después de todo el esfuerzo, te mereces sentirte feliz y entusiasmado con la vida.

Los sensitivos introvertidos se sienten a gusto en profesiones de gran responsabilidad como la medicina o el derecho, pero a veces necesitan que les recuerden que también deben dejar espacio para el juego

Los intuitivos introvertidos pueden tener destellos de brillantez, pero a veces deben recordar que en la vida también son necesarias las actividades mundanas.

INTUITIVOS INTROVERTIDOS

INFJ y INTJ - regidos por la intuición introvertida (Ni)

Muchos especialistas y psicólogos creen que Jung era un intuitivo introvertido (aunque él mismo se consideraba un reflexivo introvertido). Aunque la bulliciosa mente de los intuitivos introvertidos no deja de recibir inferencias y destellos de brillantez, pueden parecer «perdidos» y descuidar las cuestiones prácticas.

A veces resultan desconcertantes incluso para sus propios amigos y familiares. No les cuesta alinearse con su misión vital o visión superior y son propensos a la subjetividad. Su mente no deja de trabajar en ningún momento, recopilando información, sobre todo de forma inconsciente. Cuando por fin llegan a una conclusión, ésta puede aparecer de la nada, como producto de una comprensión psíquica o del «efecto eureka».

Los INFJ, almas bondadosas y maestros de la empatía interesados de forma natural en el comportamiento humano, están menos en sintonía con sus propias emociones, ya que son capaces de absorber mentalmente la atmósfera o las «vibraciones» de su entorno. La búsqueda de la armonía puede llevarlos a sobrepasar ciertos límites, caer en la ansiedad y tener una imagen demasiado idealizada de las relaciones sentimentales. Sin embargo, si son emocionalmente maduros, su gran sensibilidad, inteligencia emocional y buen corazón les ayudará a descubrir y mantener conexiones profundas y genuinas.

Para los INTJ lo más importante es la estrategia y dominar perfectamente un tema. Con perseverancia y una sólida visión, son capaces de superar cualquier obstáculo (real o imaginario) para alcanzar sus objetivos. Aunque suelen ser brillantes y cautivadores, sus ideas pueden resultar rebuscadas o confusas. Como les ocurre a los INFJ, también ellos tienen un problema con el perfeccionismo, aunque en su caso está más relacionado con sus conocimientos y competencia intelectual.

Consejos prácticos para los intuitivos introvertidos: tu mente *siempre* está activa. A veces te olvidas de ducharte o de hacer la colada... otra vez. Libérate de la exigencia del perfeccionismo: *hacer las cosas bien es mejor que no hacerlas nunca*. Come alimentos sanos, haz ejercicio y sal a dar un paseo de vez en cuando.

6

Los 12 arquetipos junguianos y sus funciones en las distintas etapas de la vida

¿Cómo llamas a la imagen visual de un símbolo que encarna rasgos relacionados con la naturaleza humana? Jung los denominaba *arquetipos*. Éstos se diferencian de las funciones cognitivas (los conductores y pasajeros que hemos visto anteriormente) en el hecho de que las personas contienen una mezcla de todos los arquetipos. Las cuatro funciones básicas de Jung quedan establecidas definitivamente según el tipo de personalidad más adecuado a nuestra naturaleza. En cambio, el ascendiente de cada arquetipo varía con la edad y las decisiones que vamos tomando a lo largo de nuestra vida, como, por ejemplo, marcharnos de casa o casarnos.

Para Jung, el esquivo concepto de *persona* era como la máscara social que la gente lleva en público para ocultar ciertas partes de su auténtico ser, algo que se aleja completamente de aquel que somos realmente. Normalmente, la *persona* está alineada con el *yo*, a veces con el *superyó*, y su función es la de ocultar las profundidades más oscuras del *ello*. Estos

Para Carl Jung, la persona es la máscara social que la gente se pone para relacionarse con los demás.

términos están relacionados con la personalidad psicoanalítica tripartita de Freud (el ello, el yo y el superyó).

La primera parte de la psique, que además es también la más primitiva e instintiva, se conoce como el ello. Funciona según el principio del placer y busca satisfacer las necesidades y deseos sin tener en cuenta la moralidad ni las normas sociales. El yo, que es la segunda sección, funciona como la parte racional y consciente de la psique y trata de mediar entre las exigencias del ello y las limitaciones que impone el mundo exterior.

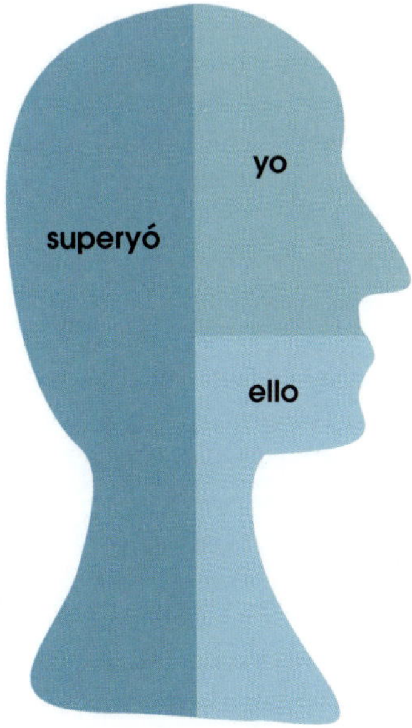

Freud dividió la personalidad en tres componentes: el ello, el yo y el superyó.

El último componente —el superyó— es el elemento moral y ético de la psique y su función es la de interiorizar las normas morales y los valores sociales. Opera según el principio de moralidad y trata de mantener las normas sociales y culturales, a menudo mediante los sentimientos de culpa o vergüenza. Según Freud, las tres estructuras interconectadas conforman la psique humana.

> ***«La primera mitad de la vida la dedicamos a la formación de un yo sano; la segunda mitad, a profundizar y desprendernos de él.»***

Dado que muchos de los arrebatos del ello pueden parecer descorteses, infantiles o incluso controvertidos para un observador externo, la persona se esfuerza por ocultárselos al mundo. Algunas personas pueden llegar a estar tan fusionadas con su persona que su Sí-mismo queda completamente desdibujado. Es lo que suele ocurrirles a muchos actores cuando se meten demasiado en el papel que interpretan.

Según Jung, sus arquetipos existen en un «sistema psíquico de naturaleza colectiva, universal e impersonal». Son la fuerza motriz que se oculta detrás de la *motivación* humana. En otras palabras, los arquetipos son los ángeles o demonios sentados sobre nuestros hombros que nos susurran al oído qué debemos hacer para sentirnos satisfechos. Ten mucha cautela con estos pensamientos.

Jung propuso que «la experiencia de grupo se produce en un nivel de la consciencia inferior al de la experiencia del individuo», como sugiere la psicología de masas. Cuando «seguimos la corriente», o simplemente lo que está de moda, necesitamos menos pensamiento consciente para tomar decisiones.

Algunos arquetipos nos atraen y otros nos repelen, y sus significados simbólicos ayudaron a Jung a analizar los sueños de sus pacientes y aconsejarles en consecuencia. Jung creía que determinados arquetipos clave aparecían en los momentos decisivos de la vida. Por ejemplo, la transición de la adolescencia a la edad adulta es un momento fundamental en el discurrir vital de toda persona.

Las cuatro orientaciones cardinales

Los arquetipos de Jung contienen cuatro orientaciones cardinales:

1. Yo - Para que los demás reconozcan y admiren nuestra presencia.
2. Orden - Para mantener la estructura del marco social.
3. Social - Para fomentar conexiones genuinas con los demás.
4. Libertad - Para deshacerse de los límites físicos y psicológicos.

LOS 12 ARQUETIPOS JUNGUIANOS

La persona que ve repetidamente en sus sueños a un explorador durante la adolescencia debería plantearse para su futuro una trayectoria profesional menos convencional como, por ejemplo, fotógrafo de viajes o bloguero. Por otro lado, si a una persona se le aparece en sueños un cuidador, debería decidirse por un trabajo que le permita ayudar a los demás, como enfermero o terapeuta de enfermedades mentales.

Estos son los 12 arquetipos junguianos:

1. **El cuidador** (Orden)
   Le encanta ayudar a los demás, dar sin esperar nada a cambio y ser reconocido por sus cuidados y dedicación continua; la felicidad de los demás es también la suya.

2. **El creador** (Orden)
   Expresa lo que piensa y siente realmente a través de una gran cantidad de proyectos; el trabajo es su vida.

3. **El gobernante** (Orden)
   Impone el orden y el control sobre su mundo llevando una vida ordenada para conservar el poder.

4. **El explorador** (Libertad)
   Se escapa para centrarse en su siguiente aventura y se siente orgulloso al descubrir nuevos hallazgos por sí mismo.

5. **El inocente** (Libertad)
   Conserva su ingenuidad y su asombro infantil para defenderse de las amenazas y vivir en su utopía imaginaria.

6. **El sabio** (Libertad)
   Persigue la verdad y la sabiduría porque desea comprender todos los misterios de la vida y encontrar su camino hacia la paz duradera.

7. **El héroe** (Yo)
   Lucha por la justicia y el bien común mientras pone a prueba su auténtico carácter enfrentándose a todo tipo de obstáculos e impedimentos.

8. **El mago** (Yo)
   Llena su mente de tácticas psicológicas para influir a las personas desde su interior y transformar las situaciones.

9. **El rebelde** (Yo)
   Destruye y reinventa, muchas veces de forma innecesaria, leyes que considera inadecuadas o poco razonables por el mero hecho de desafiar las normas.

10. **El bufón** (Social)
    Disfruta de todo lo que la vida tiene que ofrecerle sin límites mentales ni físicos, y saborea el presente por encima de todo; el pasado y el futuro son meras ilusiones.

11. **El amante** (Social)
    Enciende y alimenta las llamas de la lujuria para experimentar un subidón emocional (una y otra vez) y alcanzar la felicidad.

12. **El amigo** (Social)
    Valora la lealtad y la seguridad para poder encajar en la sociedad sin problemas y respeta las normas y leyes de la comunidad.

> “*Todas las ideas más poderosas de la historia se remontan a los arquetipos.*”

Según Jung, cada individuo posee una compleja combinación de algunos de los 12 arquetipos junguianos, los cuales pueden evolucionar y cambiar con el tiempo debido a las circunstancias vitales de cada persona

Los 12 arquetipos junguianos.

y su crecimiento personal. ¿El bufón (el payaso de clase) siempre será bufón? Puede que sí o puede que no. Depende. Tal vez decida lanzarse en busca de la libertad (el explorador) o el amor (el amante).

Los arquetipos ofrecen explicaciones generales para las distintas formas que tenemos de sentir y razonar. Forman parte del *inconsciente colectivo* un conjunto de imágenes psíquicas que todo el mundo conoce, por eso estos arquetipos son especialmente útiles para la creación de historias y personajes. Seguro que ya estás pensando en un niño que encaja a la perfección con el arquetipo del mago (una pista: tiene un búho blanco).

En psicología publicitaria, las personalidades asociadas a una marca suelen recurrir a los arquetipos junguianos para dar una imagen determinada de un producto o servicio. Además, los consumidores y usuarios también suelen agruparse en *personas*. La evolución de la tecnología también tiene algo de místico: ¿alguien quiere un bot conversacional de aspecto humano?

Por ejemplo, el nuevo y breve eslogan de Coca-Cola, «Real Magic», encarna el arquetipo del mago e implica que lo que tenemos por delante puede ser mejor, más mágico, sobre todo después de beber una Coca-Cola. Las agencias de publicidad son expertas en el arte de combinar las palabras y los sentimientos, y para ello suelen utilizar muchos de los conceptos de Jung.

Todos los consumidores tienen poder adquisitivo, y lo que la gente compra y posee puede llegar a convertirse en parte de su identidad. Puede que nuestras posesiones no nos definan, pero sí dan pistas sobre nuestra personalidad. Los arquetipos junguianos tienen un gran poder porque penetran fácilmente en el núcleo de las *motivaciones* humanas básicas, que son el origen de nuestras acciones.

Una marca puede enumerar metodológicamente todas las maravillosas ventajas que ofrece su producto, pero si no logran persuadir o «enganchar» al consumidor, éste no comprará el producto y la venta no se producirá. ¿Por qué? Para que se produzca la magia del *marketing* tiene que haber *sentimientos* implicados en la transacción.

Jung afirmaba que la *persona* se conceptualiza desde un contexto biológico más que cultural. Son construcciones instintivas e independientes tanto del entorno como de la educación. Todo forma parte del inconsciente colectivo, una base de datos compuesta por símbolos que explican por qué nos atraen ciertas cosas y otras nos repugnan.

Las últimas investigaciones confirman el importante papel que juega la influencia de grupo y las redes sociales en el proceso de toma de decisiones. La cultura es lo suficientemente fuerte como para persuadir a la gente de que traicione o sacrifique motivaciones básicas en favor de la aprobación externa. Ya que todos los arquetipos están ocultos en el inconsciente colectivo, ¿podría haber factores inconscientes influyendo en cómo se manifiesta y transforma nuestro comportamiento?

Los publicistas suelen dividir a sus clientes potenciales en grupos basándose en los arquetipos junguianos.

7

Las teorías de Jung:

cómo ha evolucionado su tipología de la personalidad a lo largo del tiempo

Jung no fue el único investigador que propuso teorías de la personalidad. Algunos psicólogos y pensadores contemporáneos, y muchos otros posteriores, también desarrollaron sus propias ideas, muchas de las cuales estaban influidas por el trabajo de Jung. Pese a erigirse en la figura básica en todos los cursos y libros de psicología, hay muchos más «neojungianos» de los que hablar.

El indicador tipológico de Myers-Briggs[1]

El dúo compuesto por madre e hija, Katharine Cook Briggs (1875-1968) e Isabel Briggs Myers (1897-1980), es el artífice del famoso indicador tipológico Myers-Briggs, también conocido como MBTI®. La principal diferencia entre su pensamiento y el de Jung era que ambas creían que la personalidad reflejaba habilidades inherentes (mentalidad fija), mientras que Jung sólo veía preferencias.

Al comienzo de la Primera Guerra Mundial, las investigaciones sobre la personalidad de Cook obtuvieron un gran apoyo por parte de su hija Isabel. La joven de ojos luminosos (que se autoidentificaba como INFP), al no estar en el ejército ni tener otras responsabilidades laborales en aquellos momentos, disponía de mucho tiempo que dedicar a la mejora de las pruebas de orientación vocacional. Isabel reconoció de inmediato que ante sí tenía una gran oportunidad, tal vez única en la vida, de ayudar a miles, o incluso millones, de personas en sus trayectorias profesionales.

Para Katharine, *Tipos Psicológicos* de Jung (en su traducción inglesa de 1923) fue una revelación. Se puso en contacto con él personalmente y, varios años después, incluso lo convenció para que se reuniera con

1. Myers-Briggs® y MBTI® son marcas registradas de MBTI Trust, Inc., el cual no tiene ningún tipo de afiliación con este libro.

Katharine Cook Briggs e Isabel Briggs Myers.

ella en Estados Unidos, concretamente en el año 1937. Antes de eso, en 1926, escribió un largo y descriptivo ensayo sobre la crianza de los hijos titulado *Meet Yourself Using the Personality Paint Box*.[2]

En 1943 se creó la primera versión del MBTI®, el cual fue puesto a prueba con la participación de estudiantes del Swarthmore College, donde Isabel Briggs Myers era orientadora voluntaria. El cuestionario de autoevaluación de la personalidad original contaba con un total de 172 preguntas y 16 posibles resultados (es decir, los 16 tipos de persona-

2. N. del T.: *Conócete a ti mismo usando la paleta de las personalidades.*

lidad). El objetivo de Myers y Briggs era ayudar a la gente a comprender lo mejor posible su personalidad, con el objetivo de promover una transformación positiva en el mundo. Si los trabajadores eran más productivos y felices, tanto Isabel como Katharine le auguraban al mundo del trabajo un futuro brillante.

Durante esta época, antes de la comercialización de su método, Katharine e Isabel se involucraron en una práctica conocida como «observación tipológica» consistente en observar el comportamiento de las personas e intentar clasificarlas según la teoría de los tipos de personalidad de Carl Jung. Madre e hija observaban el habla, los gestos y otros comportamientos de la gente para así poder identificar patrones que, según creían, se correspondían con determinadas tipologías.

Finalmente, y tras complejas ediciones y revisiones, el MBTI® fue publicado y comercializado oficialmente en 1956 por Consulting Psychologists Press, Inc. Esta versión inicial del MBTI® se distribuyó por primera vez a unos cientos de personas, entre ellos, psicólogos, educadores y profesionales del mundo de los negocios.

Cuando se editó el cuestionario, en 1962, Isabel primero publicó un folleto titulado *Introducción al tipo*, y, más tarde, en 1980, junto a su

Swarthmore College, donde se puso a prueba la primera versión del MBTI.

marido Peter coeditaron *Los dones diferentes: cómo comprender tu tipo de personalidad,* una obra que pretendía explicar mejor los 16 tipos de personalidad a un público más amplio. En 1985, se publicó el cuestionario MBTI® Step II, el cual proporciona información más detallada sobre el tipo de personalidad de un individuo. Su trabajo ha ayudado a millones de personas de todo el mundo.

«Las personas mejor adaptadas son las "psicológicamente patriotas", pues están satisfechas de ser como son».

(Isabel Briggs Myers, *Los dones diferentes: cómo comprender tu tipo de personalidad*)

Desde entonces, los manuales oficiales del cuestionario de autoevaluación MBTI® han sufrido numerosas revisiones en aras de la claridad y la coherencia. En la actualidad es ampliamente utilizado por personal de recursos humanos, orientadores, profesionales de los departamentos de selección de personal, gerentes de recursos humanos o profesionales de desarrollo organizacional. En pocas palabras, cualquier profesional que trabaje con personas y puestos de trabajo.

El clasificador de temperamento Keirsey

El clasificador de temperamento Keirsey fue creado por el psicólogo estadounidense David Keirsey (1921-2013) en 1956. Keirsey se interesó por la psicología de la personalidad tras la Segunda Guerra Mundial, concretamente a través de la lectura durante la segunda mitad de la década de los 40 de las obras del psicólogo estadounidense William Sheldon y del psiquiatra alemán Ernst Kretschmer. En una ocasión, aseguró: «Los intentos por remodelar a los demás pueden producir cambios, pero el cambio es distorsión más que transformación».

Keirsey reimaginó los cuatro humores de Galeno para dar forma a sus cuatro temperamentos: artesano, guardián, idealista y racional. Estos temperamentos están vagamente relacionados con los tipos de personalidad junguianos: Sensación - Percepción (SP), Sensación - Juicio (SJ), Intuición - Sentimiento (NF) e Intuición - Pensamiento (NT). Para dar a conocer su visión al mundo, Keirsey publicó junto a Marilyn Bates *Por favor, compréndeme: tipos de carácter y temperamento* en 1978.

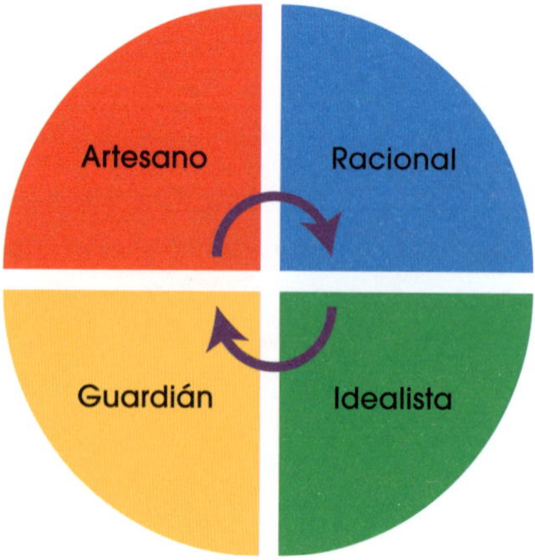

El clasificador de temperamento Keirsey

El perfil de personalidad del código de colores

Este perfil de personalidad, similar al de Keirsey pero bastante más simplificado, también conocido como *Código de colores* o *Código de personas*, fue desarrollado en los años 80 por el psicólogo estadounidense Taylor Hartman. El test contiene 45 preguntas y es muy parecido al modelo de comunicación DISC –Dominancia (D) - Influencia (I) - Estabilidad (S) - Conformidad (C)–, del que hemos hablado antes.

Consta de cuatro colores que simbolizan distintos impulsos: rojo (poder), azul (relaciones), blanco (paz) y amarillo (diversión). Numerosos psicólogos han criticado tanto el clasificador de temperamento Keirsey como el Código de personas por su excesiva simplicidad a la hora de explicar las diferencias entre las personas.

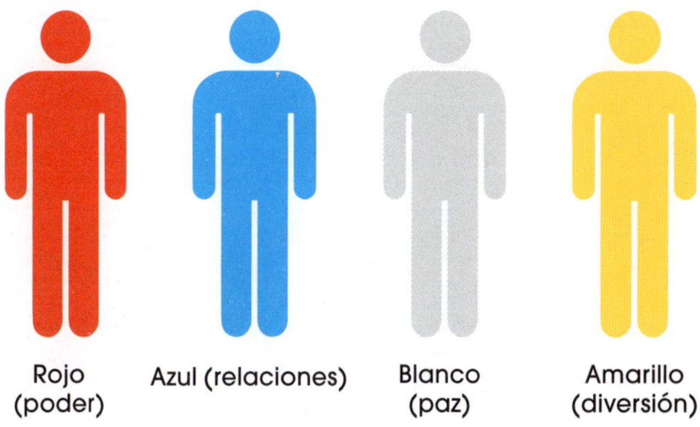

El perfil de personalidad del código de colores.

Sociónica

La sociónica, un sistema de personalidad concebido por la investigadora lituana Aušra Augustinavičiūtė (1927-2005), a veces abreviado como Augusta, fue desarrollado en la década de 1970. Incluye 16 sociotipos, pequeños grupos y relaciones entre las distintas tipologías. Augusta fue economista y decana del Departamento de Ciencias de la Familia de la Universidad Pedagógica de Vilna.

Posteriormente, la sociónica fue declarada una pseudociencia por la Academia Rusa de las Ciencias y asociada a disciplinas como la astrología. Sin embargo, más de 150 universidades rusas siguen enseñando sociónica como alternativa a las teorías originales de Jung. Su enorme complejidad ha dificultado su comprensión para el público general.

Aušra Augustinavičiūtė.

Índice tipológico junguiano

Para inaugurar el tercer milenio, los psicólogos noruegos Thor Ødegård y Hallvard E. Ringstad propusieron el Índice Tipológico Junguiano (JTI) en 2001 tras la publicación de *Typeforståelse: Jung's Typepsykologi*[1] en 1999. En la actualidad es una empresa especializada en la evaluación psicométrica de la personalidad con sede en Dinamarca. Las preguntas que utiliza están centradas en las funciones cognitivas y no tanto en las cuatro escalas de preferencia de Jung (Introversión - Extraversión, Sensación - Intuición, Pensamiento - Sentimiento, Juicio - Percepción). De uso común sobre todo en los países escandinavos, como Noruega y Suecia.

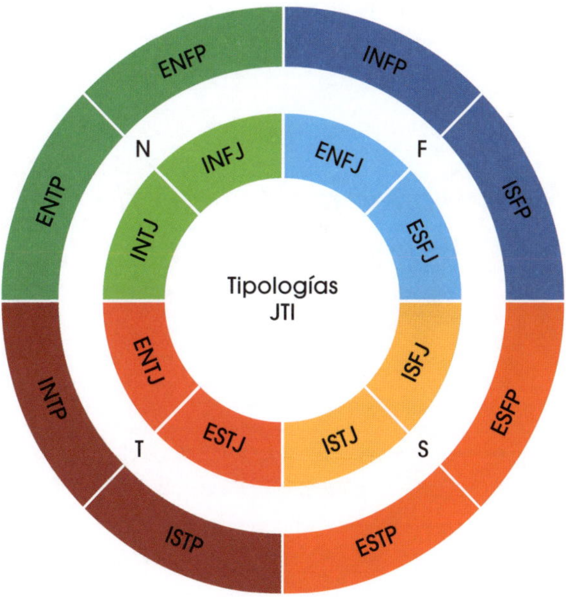

Índice tipológico junguiano.

1. N. del T.: *Comprender los tipos: psicología tipológica junguiana.*

Conclusión

Como podemos ver, la obra de Carl Jung sigue siendo ampliamente estudiada y discutida en cursos de teoría de la personalidad en universidades de todo el mundo. Sus influyentes teorías de la personalidad están en constante transformación y continúan aplicándose en disciplinas como la psicoterapia, el *coaching* ocupacional, la psicología industrial y organizacional, así como en el mundo académico.

Con más investigación e iteración, es posible que el trabajo de Jung llegue a consolidarse algún día en un test de la personalidad integral y universal al alcance de todo el mundo. Aunque Carl Jung murió en 1961, su brillante mente y legado siguen vivos hoy en día. Gracias a su enorme talento, disponemos de un tesoro incalculable: unas obras fascinantes y unas citas brillantes.

> *“El privilegio de una vida es convertirse en quien realmente eres.”*

Las ideas de Carl Jung sobre los tipos de personalidad siguen siendo muy influyentes en la actualidad.

Glosario de psicología de la personalidad

Arquetipo: Los distintos impulsores psíquicos a los cuales se les asigna un papel específico en la *motivación* humana.

Funciones cognitivas: Conjunto de ocho «componentes básicos» del comportamiento que establecen las diferencias existentes entre los 16 tipos de personalidad de Jung.

Inconsciente colectivo: Conjunto de imágenes psíquicas y conocimientos compartidos por todo el mundo y de naturaleza innata. Incluye los arquetipos de Jung presentes en los sueños.

Yo: Segundo elemento del modelo tripartito de la psique freudiana responsable de la realidad. Mediador de las decisiones entre el ello y el superyó.

Extraversión (E): Tendencia a obtener energía de los demás y a preocuparse por el mundo exterior.

Sentimiento extravertido (Fe): Una de las ocho funciones junguianas que se ocupan del mundo exterior. **Conectar** → Armonizar con otras personas para sentir un cálido vínculo.

Intuición extravertida (Ne): Una de las ocho funciones junguianas que se ocupan del mundo exterior. **Lluvia de ideas** → Plantearse muchas opciones de futuro para llevar a cabo diversos proyectos a la vez.

Sensación extravertida (Se): Una de las ocho funciones junguianas que se ocupan del mundo exterior. **Experimentar** → Disfrutar de cada instante utilizando los cinco sentidos.

Pensamiento extravertido (Te): Una de las ocho funciones junguianas que se ocupan del mundo exterior. **Evaluar** → Organizar una jornada laboral con horarios y tareas para maximizar la eficacia.

Sentimiento (F): Tendencia a tomar decisiones basadas en cómo éstas afectarán a otras personas, los valores personales (subjetivos) y cómo nos hace «sentir» la situación.

Los cuatro humores: Teoría de Hipócrates, y posteriormente de Galeno, sobre el desequilibrio de la personalidad producido por los fluidos corporales: **sanguíneo** (sangre), **colérico** (bilis amarilla), **flemático** (flema) y **melancólico** (bilis negra).

Ello: El núcleo infantil e impulsivo del modelo tripartito de Freud responsable de los impulsos biológicos como, por ejemplo, el hambre o la sed.

Introversión (I): Tendencia a obtener energía por uno mismo y preocuparse por el mundo interior de pensamientos, ideas y sentimientos.

Sentimiento introvertido (Fi): Una de las ocho funciones junguianas que se ocupan del mundo interior. **Interiorizar** → Comprender los sentimientos internos para lograr congruencia de valores y autenticidad con las acciones.

Intuición introvertida (Ni): Una de las ocho funciones junguianas que se ocupan del mundo interior. **Imaginar** → Visualizar el futuro y cómo será desde dentro hacia fuera.

Sensación introvertida (Si): Una de las ocho funciones junguianas que se ocupan del mundo interior. **Recordar** → Recordar detalles del pasado y compararlos con el presente.

Pensamiento introvertido (Ti): Una de las ocho funciones junguianas que se ocupan del mundo interior. **Comprender** → Recopilar datos y teorías para formular la idea completa de un concepto.

Intuición (N): Preferencia por las corazonadas, el «efecto eureka» y conocer a través de la información y la especulación en el ámbito de las ideas.

Juicio (J): Preferencia por cumplir (y a veces superar) los plazos, programar los acontecimientos con antelación y considerar el tiempo como un recurso finito (e importante).

Escala de Likert: Conjunto lineal de respuestas de intensidad creciente o decreciente. Normalmente, las opciones van desde «Totalmente en desacuerdo» a «Totalmente de acuerdo».

Neurosis: Concepto junguiano que hace referencia al procesamiento psicológico anormal después de un trauma. En la actualidad se prefiere el término enfermedad mental. Jung acuñó el término después de ser empujado al suelo y sufrir convulsiones.

Percepción (P): Preferencia por mantener las opciones abiertas «por si acaso» aparece algo mejor, considerar que los plazos son flexibles y el tiempo, un recurso elástico.

Persona: La «máscara social» que la gente lleva en público para ocultar ciertas partes de su auténtica naturaleza, comparable al yo y al superyó freudianos.

Personalidad: Término genérico que engloba aquellos rasgos, comportamientos y preferencias de un individuo que permanecen *relativamente estables* a lo largo del tiempo.

Rasgo de personalidad: Característica o cualidad de un individuo que distingue su carácter, por ejemplo: la amabilidad (A) en el modelo de los Cinco Grandes (FFM).

Tipo de personalidad: Conjunto cerrado de rasgos de la personalidad que dan lugar a unos pocos tipos escogidos. La teoría de Jung dio como resultado 16 tipos de personalidad diferentes.

Psicología: Estudio del comportamiento humano y su forma de pensar, actuar y sentir.

Psicometría: Diseño científico de test de personalidad para evaluar rasgos, así como la interpretación de los resultados.

Sensación (S): Preferencia por captar información a través de los cinco sentidos: vista, tacto, gusto, oído y olfato. Adquisición de conocimientos a través de la acción.

Sigmund Freud: Padre fundador del psicoanálisis y figura influyente para Carl Jung. Ambos se reunieron para discutir sobre la disciplina de la psicoterapia antes de darse cuenta de los conflictos inherentes a su forma de abordar la investigación.

Superyó: Tercer elemento del modelo tripartito de la psique freudiana, responsable de la moralidad y de hacer lo «correcto» en términos éticos, algo que puede variar según la persona y los valores religiosos de ésta. Se desarrolla durante la infancia, entre los tres y los cinco años.

Pensamiento (T): Preferencia por tomar decisiones basadas en hechos, datos, pros y contras y objetivos.

Lecturas complementarias sobre los tipos de personalidad junguianos

¿Quieres saber más sobre los tipos de personalidad junguianos, su historia y sus aplicaciones prácticas? Consulta las siguientes obras para profundizar en el fascinante mundo místico de Jung, cuya obra ha dejado huella en muchas teorías modernas de la personalidad.

Por supuesto, para empezar, te recomendamos el libro original de Jung, *Tipos psicológicos*, publicado en 1921 y traducido y reeditado posteriormente en numerosas ocasiones. Si la lectura te resulta demasiado densa, prueba con alguna de las siguientes sugerencias:

—Tieger, Paul D. y Barron-Tieger, Barbara: *Do What You Are: Discover the Perfect Career for You Through the Secrets of Personality Type,* Sphere, 2007.

Consejos prácticos y útiles por parte de un experto en carreras profesionales y un apasionado de los tipos de personalidad. El libro tiene un tono desenfadado y divertido, por lo que es una lectura muy amena. Incluye un test para autoevaluarse, lo que lo convierte en la elección perfecta para cualquiera que desee conocer su tipo de personalidad o busque un cambio profesional.

—Lachman, Gary: *Jung the Mystic: The Esoteric Dimensions of Carl Jung's Life and Teaching,* Penguin, 2010.

¿Recuerdas que, de niño, Jung tenía pesadillas? Este libro revela la influencia de lo sobrenatural tanto en su educación como en su obra. Trata temas bastante oscuros, lo que puede ser del gusto de los entusiastas de lo paranormal. Encontrarás muchos de los temas que aparecen en las películas de terror psicológico.

—Briggs Myers, Isabel: *Los dones diferentes: cómo comprender tu tipo de personalidad,* Ediciones Obelisco, 2020.

La hija de Katherine Cook Briggs escribió *el* libro que ayudó a popularizar las teorías de Jung sobre la personalidad. Se trata de una obra realmente impactante que aborda temas como la compatibilidad, el matrimonio, el desarrollo infantil y los estilos de aprendizaje.

—Daniels, Michal: *Self-Discovery the Jungian Way: The Watchword Technique,* Routledge, 2014.

En este libro, Daniels lleva el autoanálisis a un nuevo nivel, al tiempo que explica con claridad los conceptos básicos de Jung a todos los aficionados de la psicología. En particular, presenta numerosos puntos de vista sobre los arquetipos junguianos.

—Pascal, Eugene: *Jung para la vida cotidiana,* Ediciones Obelisco, Barcelona 2019.

Una guía práctica para aplicar los principios junguianos en la vida cotidiana.

—Lenoir, Frédéric, *Jung, un viaje hacia sí mismo,* Ediciones Obelisco, Barcelona, 2023.

Una biografía del pionero del psicoanálisis y uno de los grandes pensadores del siglo xx.

—Morbach, Ana y Da Silva Pedroso, Janari (2022): «The Stages of Life in the Jungian Perspective: A Photo Elicitation Case Study», *Journal of Clinical & Developmental Psychology.* (doi: https://doi.org/10.13129/2612-4033/0110-3428)

Este estudio repasa una serie de descripciones fotográficas, de una gran carga reflexiva, y que captan a la perfección la esencia de la condición humana en relación con las etapas de la vida de Jung. Muy útil para profundizar en los complejos del yo y lo que significa progresar en la vida.

Índice alfabético

Créditos de las imágenes

t = arriba, b = abajo

Adobe Stock: 123

Alamy: 20, 114

Shutterstock: 8, 9, 10, 11, 13, 18, 19 (x2), 21, 32, 33, 36, 37, 39, 40, 41, 43 (x2), 46, 48, 49, 52 (x2), 54, 55, 56, 57, 58, 59, 60 (x2), 62, 63, 64, 65, 66, 67, 68, 69, 72, 73, 74, 77, 79, 81, 82, 85, 88, 90, 93, 94, 98, 99, 105, 110

Wikimedia Commons: 12, 16, 26, 27, 28, 29, 31, 76, 109, 117